Instrumentos
para diagnóstico
psicopedagógico
clínico e institucional

Instrumentos para diagnóstico psicopedagógico clínico e institucional

Luciana Isabel de Almeida Trad

Rua Clara Vendramin, 58 . Mossunguê
CEP 81200-170 . Curitiba . PR . Brasil
Fone: (41) 2106-4170
www.intersaberes.com
editora@intersaberes.com

Conselho editorial
Dr. Alexandre Coutinho Pagliarini
Drª Elena Godoy
Dr. Neri dos Santos
Dr. Ulf Gregor Baranow
Editora-chefe
Lindsay Azambuja
Gerente editorial
Ariadne Nunes Wenger
Assistente editorial
Daniela Viroli Pereira Pinto
Preparação de originais
Fabrícia E. de Souza
Edição de texto
Camila Rosa
Caroline Rabelo Gomes
Floresval Nunes Moreira Junior
Capa e projeto gráfico
Iná Trigo (*design*)
agsandrew/Shutterstock
(imagem da capa)
Diagramação
Kátia P. Irokawa Muckenberger
Equipe de *design*
Charles L. da Silva
Mayra Yoshizawa
Iconografia
Sandra Lopis da Silveira
Regina Claudia Cruz Prestes

Dados Internacionais de Catalogação na Publicação (CIP)
(Câmara Brasileira do Livro, SP, Brasil)

Trad, Luciana Isabel de Almeida
    Instrumentos para diagnóstico psicopedagógico clínico e institucional/Luciana Isabel de Almeida Trad. Curitiba: InterSaberes, 2020. (Série Panoramas da Psicopedagogia)

    Bibliografia.
    ISBN 978-65-5517-023-8

    1. Aprendizagem 2. Avaliação 3. Psicopedagogia 4. Testes I. Título. II. Série.

20-34105   CDD-370.15

Índices para catálogo sistemático:
1. Psicopedagogia: Educação   370.15

Cibele Maria Dias – Bibliotecária – CRB-8/9427

1ª edição, 2020.

Foi feito o depósito legal.

Informamos que é de inteira responsabilidade da autora a emissão de conceitos.

Nenhuma parte desta publicação poderá ser reproduzida por qualquer meio ou forma sem a prévia autorização da Editora InterSaberes.

A violação dos direitos autorais é crime estabelecido na Lei n. 9.610/1998 e punido pelo art. 184 do Código Penal.

Por fim, no Capítulo 6, discorreremos sobre o laudo técnico psicopedagógico, documento elaborado ao final da avaliação, que deve ser entregue na entrevista devolutiva. Nesse momento, visto que o parecer psicopedagógico é um registro sigiloso, reproduziremos algumas orientações éticas acerca do trabalho do psicopedagogo.

Apresentaremos instrumentos para o estabelecimento do vínculo terapêutico, fundamental para o processo avaliativo, como a hora do jogo, que, além de ser lúdico, é um material rico para identificar potenciais de aprendizagem.

No Capítulo 2, veremos que, com as provas operatórias piagetianas, podemos avaliar o nível de pensamento da criança por meio das noções de conservação e das operações lógicas de classificação e seriação, nos níveis concreto e formal, do domínio cognitivo.

Para análise de vínculo, abordaremos, no Capítulo 3, as provas projetivas psicopedagógicas, apresentadas por Visca (2009), baseadas em três grandes domínios: escolar, familiar e consigo mesmo, que buscam reconhecer os graus de consciência que constituem o vínculo de aprendizagem.

Abordaremos ainda a técnica da caixa de areia com miniaturas, um recurso avaliativo e interventivo que, de forma lúdica, possibilita a organização do pensamento e das emoções envolvidas no processo de aprendizagem (Küster, 2012).

Portanto, com esses recursos, como será visto no Capítulo 4, o psicopedagogo poderá conhecer as potencialidades e as dificuldades pedagógicas de escrita, leitura, habilidades matemáticas e coordenação motora. Os instrumentos podem informar sobre indicadores de *deficit* de atenção e até mesmo se o avaliando apresenta dificuldade de aprendizagem devido ao *bullying*.

No âmbito institucional escolar, veremos, no Capítulo 5, instrumentos de avaliação desse sistema, que muitas vezes apresenta sintomas e precisa ser avaliado.

Apresentação

Este livro tem o objetivo de oferecer aos psicopedagogos um apanhado de instrumentos que sirva de suporte para a avaliação psicopedagógica.

Embora pareça um manual, a intenção é levar o profissional a estudar e a se aprofundar teoricamente nos estudos que alicerçam as técnicas apresentadas, já que elas necessitam de embasamento teórico e prático, ou seja, conhecimento teórico sobre a área cognitiva, afetiva e funcional a ser investigada, sobre as fases dos desenvolvimentos adequados para aplicação do instrumento, além de conhecimentos acerca dos procedimentos utilizados, treino para aplicação das técnicas e responsabilidade quanto ao diagnóstico e utilização das informações levantadas. A análise fundamentada dos resultados dos instrumentos compõe o parecer final, no qual, com responsabilidade ética, o psicopedagogo pode apresentar suas conclusões acerca da avaliação.

No decorrer deste livro, veremos procedimentos utilizados em avaliação diagnóstica. No Capítulo 1, abordaremos o diagnóstico propriamente dito e os esquemas sequenciais para fazermos a avaliação. Entre os instrumentos apresentados, a entrevista se fará presente em vários momentos do processo avaliativo, desde o início até o final, seja no contato inicial, para análise da queixa; na anamnese, para conhecer o desenvolvimento do indivíduo avaliado; na entrevista operativa centrada na aprendizagem; na entrevista devolutiva ao final do processo.

Agradeço à minha família, meu porto seguro, pela paciência e pelo apoio durante a realização desta obra. Às crianças que produziram os desenhos apresentados nesta obra.
À professora Genoveva, que, por amor à psicopedagogia, acreditou e me incentivou à realização deste projeto.
A todos os meus mestres, que me auxiliaram com seus legados de estudos e pesquisas.

	4.3 Avaliação das habilidades de leitura, escrita e aritmética, 167
	4.4 Avaliação da capacidade atencional, 174
	4.5 Estratégias de avaliação e identificação do *bullying*, 176
Capítulo 5	Avaliação psicopedagógica no ambiente institucional escolar, 182
	5.1 Análise da queixa, 184
	5.2 Enquadramento, 184
	5.3 Mapeamento institucional, 185
	5.4 Técnicas grupais, 191
	5.5 Psicodrama pedagógico, 194
Capítulo 6	Parecer psicopedagógico, 200
	6.1 Entrevista devolutiva, 201
	6.2 Parecer psicopedagógico clínico, 203
	6.3 Parecer psicopedagógico institucional, 204
	6.4 Orientações éticas, 205

Considerações finais, 211
Referências, 213
Bibliografia comentada, 221
Respostas, 223
Sobre a autora, 225

Sumário

Apresentação, 9
Como aproveitar ao máximo este livro, 13
Introdução, 17

Capítulo 1   Procedimentos iniciais no diagnóstico psicopedagógico clínico, 20
       1.1 Procedimentos diagnósticos, 21
       1.2 Esquema sequencial, 29
       1.3 Preparo do ambiente de avaliação, 30
       1.4 Entrevista inicial, 32
       1.5 Anamnese, 35
       1.6 Entrevista operativa centrada na aprendizagem, 44
       1.7 Hora do jogo pedagógico, 48

Capítulo 2   Provas operatórias piagetianas, 56
       2.1 Níveis operatórios segundo Piaget, 57
       2.2 Provas operatórias, 59

Capítulo 3   Qualidade de vínculos e a influência na aprendizagem, 120
       3.1 Provas projetivas psicopedagógicas, 121
       3.2 Caixa de areia e miniaturas, 156

Capítulo 4   Avaliação das habilidades pedagógicas e atencionais, 164
       4.1 Análise dos materiais escolares, 165
       4.2 Análise da coordenação motora, 166

Como aproveitar ao máximo este livro

Empregamos nesta obra recursos que visam enriquecer seu aprendizado, facilitar a compreensão dos conteúdos e tornar a leitura mais dinâmica. Conheça a seguir cada uma dessas ferramentas e saiba como elas estão distribuídas no decorrer deste livro para bem aproveitá-las.

Introdução do capítulo

Logo na abertura do capítulo, informamos os temas de estudo e os objetivos de aprendizagem que serão nele abrangidos, fazendo considerações preliminares sobre as temáticas em foco.

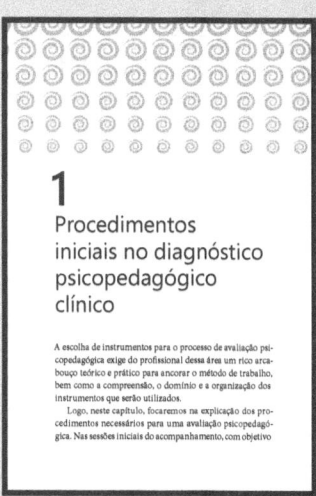

Para saber mais

Sugerimos a leitura de diferentes conteúdos digitais e impressos para que você aprofunde sua aprendizagem e siga buscando conhecimento.

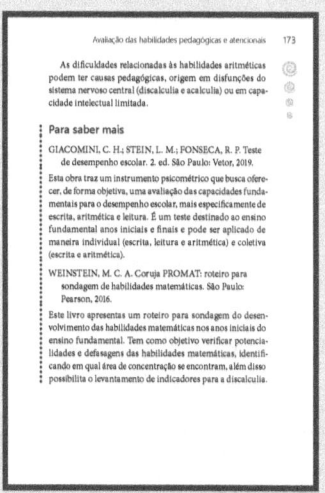

Síntese

Ao final de cada capítulo, relacionamos as principais informações nele abordadas a fim de que você avalie as conclusões a que chegou, confirmando-as ou redefinindo-as.

Atividades de autoavaliação

Apresentamos estas questões objetivas para que você verifique o grau de assimilação dos conceitos examinados, motivando-se a progredir em seus estudos.

Atividades de aprendizagem

Aqui apresentamos questões que aproximam conhecimentos teóricos e práticos a fim de que você analise criticamente determinado assunto.

Bibliografia comentada

Nesta seção, comentamos algumas obras de referência para o estudo dos temas examinados ao longo do livro.

Atividades de aprendizagem

Questões para reflexão

1. Quais são os conhecimentos fundamentais para o bom andamento de uma avaliação psicopedagógica?
2. Qual é a importância da entrevista inicial exploratória para a avaliação psicopedagógica?

Atividade aplicada: prática

1. Com base nas definições dos tipos de entrevista, elabore um roteiro de entrevista exploratória inicial a partir de uma queixa sobre queda no rendimento escolar.

Bibliografia comentada

BARBOSA, L. M. S. A psicopedagogia no âmbito da instituição escolar. Curitiba: Expoente, 2012.

Essa obra apresenta recursos de intervenção psicopedagógicos a caixa de trabalho, desenvolvida por Jorge Visca, a caixa de sexta. Inspirada na terapia conhecida por sandplay e fundamentada no estudos de Carl Jung, somados à epistemologia convergente; o projeto operatar criando, de Laura Monte Serrat Barbosa, segundo o método desenvolvido por Kilpatrick; o material disparador criado por Vera Biasse, fundamentado pela epistemologia convergente; jogos e brincadeiras trazidos por Jorge Visca e Lino de Macedo com possibilidades de intervenção psicopedagógica para o raciocínio lógico.

CHAMAT, L. S. J. Técnicas de diagnóstico psicopedagógico: diagnóstico clínico na abordagem interacionista. São Paulo: Vetor, 2004.

Essa obra é resultado de um trabalho realizado por anos com crianças com dificuldades de aprendizagem. O livro oferece aos psicopedagogos, além das técnicas diagnósticas, sugestões de investigações e avaliação das aplicações, assim como uma metodologia específica para tornar a interpretação e as hipóteses mais fidedignas. O trabalho da autora é embasado na teoria de Paulón-Rivière, com abordagem interacionista voltada ao modelo sistêmico.

Introdução

Quando pensamos em uma avaliação psicopedagógica de qualidade, devemos ter em mente o uso de instrumentos adequados para mensurar aptidão, habilidade cognitiva, habilidade acadêmica e comportamentos que possam estar prejudicando ou impedindo o processo de aprendizagem. Para coletarmos informações acerca de uma pessoa, em um processo de avaliação ou intervenção, podemos fazer uso de diversos instrumentos, como: entrevistas exploratórias, observações, dados biográficos, históricos acadêmicos, históricos ocupacionais e testes diagnósticos.

O processo avaliativo diagnóstico não consiste apenas na aplicação de testes. O profissional avaliador deve estar atualizado quanto aos conhecimentos científicos e técnicos que tratem do desenvolvimento e da aprendizagem humana. Também é de fundamental importância estar capacitado para realização desses procedimentos, levando-se em conta a responsabilidade ética profissional, que se inicia no momento da apresentação da queixa, perpassa por todo o processo de avaliação e se mantém no resultado diagnóstico. Os profissionais avaliadores têm responsabilidades, antes, durante e após o processo investigação diagnóstica, em relação uso de instrumentos diagnósticos (Cohen; Swerdlik; Sturman, 2014).

Tanto fatores internos quanto externos podem influenciar o processo de aprendizagem. O uso de instrumentos auxilia o processo investigativo, promovendo um melhor entendimento da demanda apresentada. Para escolha de instrumentos adequados, conforme hipóteses levantadas na entrevista inicial, o profissional avaliador necessita de um arcabouço teórico que fundamente sua busca. Os instrumentos devem ser apropriados para a faixa etária, a idade e a escolaridade e validados para a realidade da população brasileira. Os instrumentos servem de suporte para o diagnóstico psicopedagógico, auxiliando o investigador a identificar os desvios e os obstáculos que impedem o processo de aprendizagem do indivíduo aprendente.

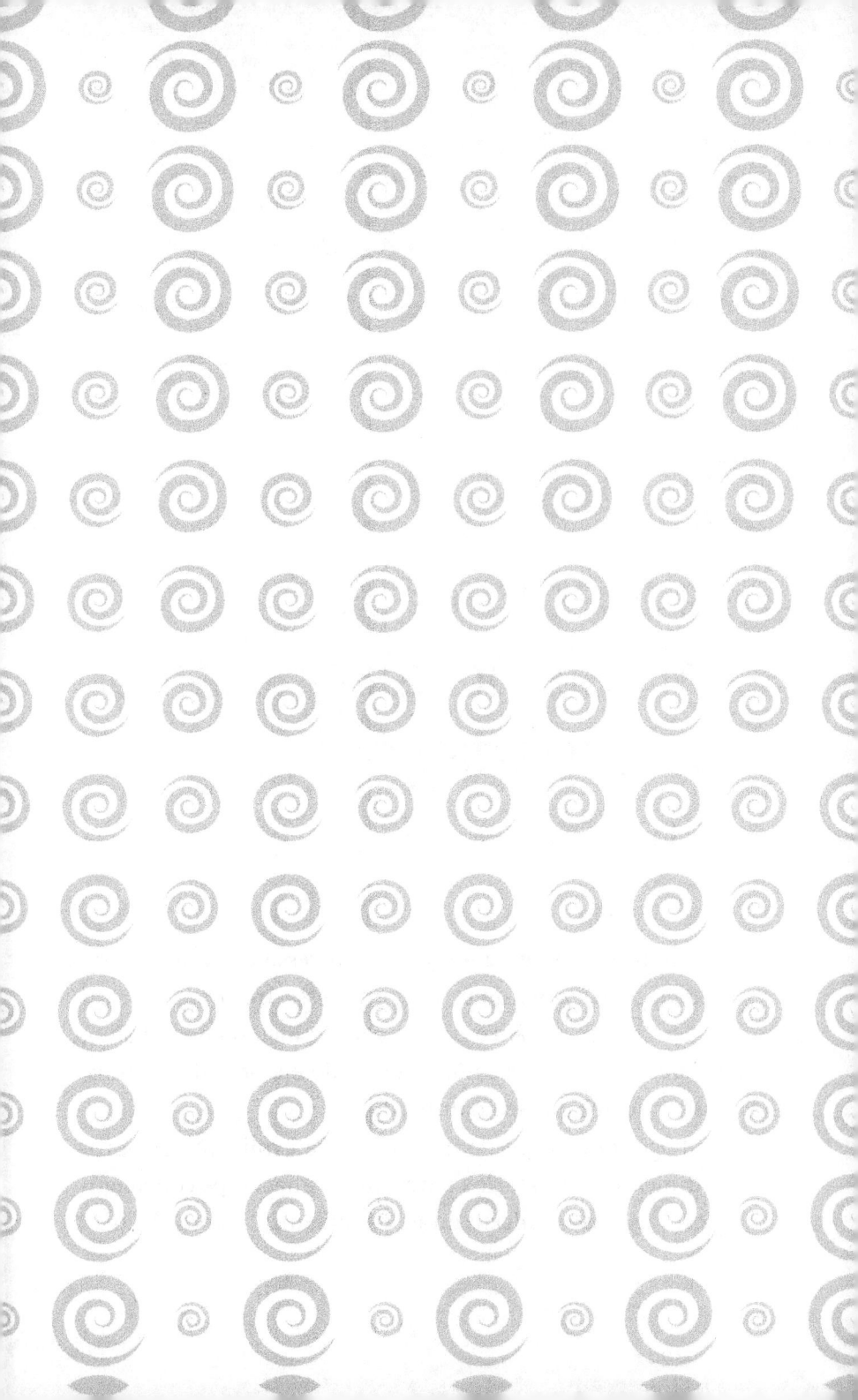

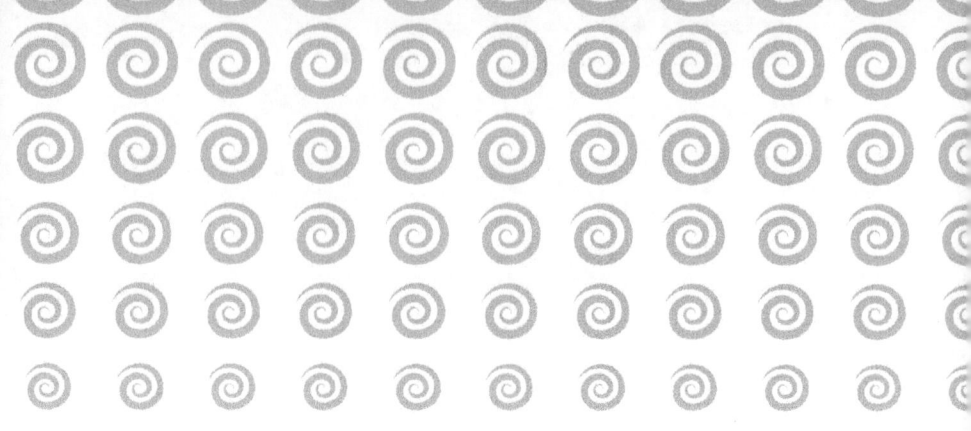

1
Procedimentos iniciais no diagnóstico psicopedagógico clínico

A escolha de instrumentos para o processo de avaliação psicopedagógica exige do profissional dessa área um rico arcabouço teórico e prático para ancorar o método de trabalho, bem como a compreensão, o domínio e a organização dos instrumentos que serão utilizados.

Logo, neste capítulo, focaremos na explicação dos procedimentos necessários para uma avaliação psicopedagógica. Nas sessões iniciais do acompanhamento, com objetivo exploratório, é importante compreender a queixa apresentada, assim como conhecer o histórico de desenvolvimento clínico, familiar, acadêmico e social do indivíduo avaliado. Apresentaremos também métodos, técnicas e testes utilizados em avaliação, como a matriz do pensamento diagnóstico, a sequência diagnóstica, as entrevistas exploratórias e a hora do jogo psicopedagógico.

1.1 Procedimentos diagnósticos

Antes de falarmos sobre os procedimentos diagnósticos propriamente ditos, explicaremos os conceitos de método, técnica e instrumento, cuja compreensão é necessária para a realização adequada de uma avaliação psicopedagógica.

O **método** "indica um procedimento de investigação, organizado, repetível e autocorrigível que garante a obtenção, que garanta a obtenção de resultados válidos" (Abbagnano, 2007, p. 780).

A **técnica** é considerada "um conjunto de preceitos ou processos de que se serve uma ciência ou arte, é uma habilidade para usar esses preceitos ou normas, a parte prática" (Marconi; Lakatos, 2010, p. 157). Para fazermos uma coleta de dados, por exemplo, podemos adotar a documentação indireta (busca documental ou bibliográfica) e/ou a documentação direta, que se subdivide em observação direta intensiva (observação e entrevista) e observação direta extensiva (testes, questionários, formulários, sociometria etc.) (Marconi; Lakatos, 2010).

O **instrumento**, por sua vez, pode ser definido como "todos os meios capazes de obter um resultado em qualquer campo, da atividade humana, prático ou teórico" (Dewey, citado por Abbagnano, 2007, p. 655).

1.1.1
Observação direta intensiva

Por meio de observação direta intensiva, utilizam-se, na avaliação psicopedagógica, as seguintes técnicas: entrevista e observação.

 Entrevista

Em sentido amplo, a entrevista pode ser definida como um "método de investigação para obter informação por meio de comunicação direta envolvendo troca recíproca" (Cohen; Swerdlik; Sturman, 2014, p. 9). Seguramente, uma entrevista face a face requer treino, tendo em vista que o entrevistador fará questionamentos, observações sobre os comportamentos verbais e não verbais enunciados, assim como os registros necessários.

Com relação ao conteúdo, "a entrevista pode apresentar os seguintes objetivos: averiguação de fatos, determinação das opiniões sobre os fatos, determinação de sentimentos, descoberta de planos de ação, conduta atual ou do passado e motivos conscientes para opiniões, sentimentos, sistemas ou condutas" (Selltiz, citado por Marconi; Lakatos, 2010, p. 179).

A entrevista pode ser organizada das seguintes formas:

- Estruturada: O entrevistador segue fielmente um roteiro de perguntas com objetivos específicos.
- Semiestruturada: O entrevistador se baseia em um roteiro, mas não se prende a ele.
- Não estruturada: Ainda que planeje previamente a entrevista para não perder o foco sobre o tema que deseja explorar, o entrevistador não segue nenhum roteiro (Hutz; Bandeira; Trentini, 2015).

Desse modo, no processo de avaliação psicopedagógica, as entrevistas podem apresentar estruturas diferenciadas de acordo com o propósito do entrevistador.

A título de exemplo, o psicopedagogo pode realizar uma entrevista semiestruturada durante uma conversa inicial, pois essa técnica permite que o profissional identifique os pontos essenciais acerca da queixa apresentada e explore um pouco mais as informações que surgirem durante a entrevista.

No processo avaliativo, a entrevista é contemplada em várias circunstâncias, tais como: entrevista inicial, anamnese, entrevista com a equipe pedagógica ou institucional e entrevista devolutiva.

Observação

A observação é uma técnica de coleta de dados que tem a finalidade de obter informações relevantes a respeito de pessoas, situações ou fenômenos que se deseja investigar. Para Ander-Egg (citado por Marconi; Lakatos, 2010), conforme as circunstâncias, a técnica de observação pode variar sua modalidade segundo os meios utilizados, a participação do observador, o número de observações e o lugar onde se realiza.

Quadro 1.1 – Variações da observação, segundo Marconi e Lakatos (2010)

Meios utilizados	Não estruturada (assistemática)	Consiste em coletar e registrar fatos da realidade sem a utilização de meios técnicos especiais ou perguntas diretas.
	Estruturada (sistemática)	A coleta de dados ou fenômenos observados se dá pela utilização de instrumentos (escalas, quadros etc.).
Participação do observador	Não participante	O observador tem contato com o grupo ou a realidade estudada sem envolvimento com a situação, entretanto o procedimento apresenta caráter sistemático.
	Participante	O observador participa do grupo e das atividades relacionadas, a fim de compreender e vivenciar o sistema de referência dos indivíduos observados.
Número de observações	Individual	Realizada por um observador.
	Em equipe	Realizada por uma equipe, com objetivo de analisar a situação por diversos ângulos.
Lugar onde se realiza	Em vida real	Realizada em ambiente real, de forma espontânea, à medida que as situações forem ocorrendo.
	Em laboratório	Busca descobrir certa situação e o comportamento em determinadas condições, cuidadosamente organizadas e controladas.

O psicopedagogo clínico ou institucional emprega a observação como um instrumento de auxílio ao processo diagnóstico e ao planejamento de intervenção e adota a modalidade de observação mais adequada para o propósito de sua análise.

1.1.2
Observação direta extensiva

Por meio de observação direta extensiva, o profissional pode aplicar, na avaliação psicopedagógica, as seguintes técnicas:

- Questionário: Levantamento desenvolvido por uma série de perguntas que devem ser respondidas por escrito, sem a necessidade da presença do pesquisador.
- Formulário: Documento/instrumento para obtenção de dados elaborado conforme o roteiro de perguntas emitido pelo avaliador, cujas respostas são preenchidas por ele com as informações do avaliado.
- Testes: Instrumentos padronizados que têm o objetivo de obter dados que avaliem, de forma quantitativa, o rendimento, a frequência e a capacidade ou conduta do indivíduo.
- História de vida: Instrumento para obtenção de dados relativos ao desenvolvimento, aos fatos e às experiências de alguém que seja relevante para análise e aprofundamento do estudo (Marconi; Lakatos, 2010).

A seguir, discorreremos brevemente sobre uma dessas técnicas.

Testes

Um teste, basicamente, pode ser entendido como um dispositivo ou procedimento utilizado para mensuração. Entretanto, quando a palavra *teste* está associada a um modificador, esse procedimento visa medir uma variável relacionada àquele modificador (Cohen; Swerdlik; Sturman, 2014), por exemplo:

teste psicológico, teste psicopedagógico, teste neuropsicológico etc. De acordo com Urbina (2007, p. 13), devemos compreender que os testes "envolvem a avaliação de algum aspecto do funcionamento cognitivo, conhecimento, habilidades ou capacidades de uma pessoa". Nesse processo, devem ser considerados: o tipo de informação que se pretende obter com a testagem; como essas informações serão usadas; se as informações já estão disponíveis em outras fontes; que outras ferramentas podem ser usadas para se obter as informações procuradas; as vantagens de se usar testes em vez de outras fontes de informações.

O uso de testes representa um auxílio complementar e indispensável em um diagnóstico psicopedagógico. O tipo de teste deve ser selecionado de acordo com as hipóteses levantadas que se deseja aprofundar. Devemos tomar cuidado para não empregarmos testes de uso restrito a outras categorias profissionais. O teste apropriado deve conter fundamentação teórica ampla, com definição clara dos construtos que serão avaliados, bem como dos objetivos, do contexto de uso, das informações sobre aplicação e da correção do instrumento (Hutz; Bandeira; Trentini, 2015).

1.1.3 Matriz do pensamento diagnóstico

A matriz do pensamento diagnóstico é um instrumento conceitual que facilita o processo de investigação e consiste em um sistema cartográfico apropriado para representar qualquer setor da aprendizagem normal ou patológico (Visca, 1987). Organiza-se em diagnóstico propriamente dito, prognóstico e indicações.

No **diagnóstico propriamente dito**, temos as seguintes etapas:

- Análise da situação contextual e leitura do sintoma: Com a caracterização do contexto, é possível compreender o meio em que se opera a aprendizagem. Segundo as peculiaridades do indivíduo ou da instituição diagnosticada, busca-se a compreensão do sintoma, aspecto manifesto que emerge da personalidade em interação com o sistema social em que o sujeito está inserido – desse modo, o sintoma sempre está mostrando algo e dizendo alguma coisa aos outros (Weiss, 2006).

- Descrição e explicação das causas a-históricas: Mecanismos e estruturas que coexistem temporalmente com o sintoma, independentemente de sua origem, determinando as causas atuais. De acordo com Visca (1987) e Barbosa (2001), as causas a-históricas que podem prejudicar a aprendizagem são:
    - quanto ao indivíduo – epistêmicas (nível da operatividade da estrutura cognoscitiva), epistemofílicas (vínculo afetivo estabelecido a aprendizagem) e funcionais;
    - quanto à instituição – da ordem do conhecimento (nível de conhecimento, grau de coerência entre discurso político-pedagógico e prática pedagógica), da interação (estabelecimento de vínculos e comunicação entre os protagonistas do ensino-aprendizagem), do funcionamento (funcionamento da instituição como um todo), estruturais (organização hierárquica e suas relações).

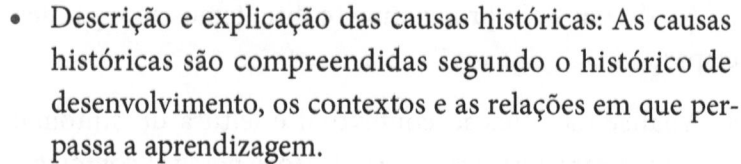

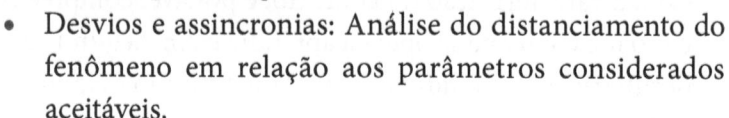

- Descrição e explicação das causas históricas: As causas históricas são compreendidas segundo o histórico de desenvolvimento, os contextos e as relações em que perpassa a aprendizagem.
- Desvios e assincronias: Análise do distanciamento do fenômeno em relação aos parâmetros considerados aceitáveis.

Já o **prognóstico** é o levantamento de hipóteses futuras sobre um fenômeno ou de estratégias de ação antecipadas, fundamentados em um diagnóstico atual. As possibilidades de mudança no cenário apresentado dependem das precondições observadas durante o diagnóstico propriamente dito e das circunstâncias a que pode ser submetido o indivíduo ou o grupo. As estratégias antecipadas de intervenção não são rígidas, podendo sofrer ajustes durante o processo corretor.

Por fim, as **indicações** podem ser específicas (inerentes ao campo psicopedagógico) ou gerais (voltadas a outras áreas ou disciplinas).

"O diagnóstico começa com a consulta inicial (dos pais ou do próprio paciente) e termina com a devolução. Entre as duas extremidades, consulta e devolução, podem ocorrer distintas sequências que respondem a diferentes esquemas teóricos" (Visca, 1987, p. 69).

1.2
Esquema sequencial

Na avaliação diagnóstica, o esquema sequencial da avaliação diagnóstica pode variar conforme a postura teórica adotada. Profissionais que empregam a linha da epistemologia convergente, por exemplo, realizam a anamnese após as provas diagnósticas, para que as informações trazidas pela família não "contaminem" o resultado diagnóstico. Outros iniciam o diagnóstico com a anamnese (Sampaio, 2014). De acordo com Weiss (2006), a sequência diagnóstica pode ser estabelecida conforme a necessidade de cada caso, já que o diagnóstico psicopedagógico se compõe de momentos que, espacial e temporalmente, apresentam dimensões diferentes.

Em linhas gerais, temos o seguinte esquema sequencial para a avaliação diagnóstica:

- entrevista familiar exploratória;
- entrevista de anamnese;
- sessões lúdicas centradas na aprendizagem;
- complementação com provas e testes;
- síntese diagnóstico-prognóstico;
- entrevista de devolução e encaminhamento.

Conforme a clínica de psicologia transposta para psicopedagogia, temos a sequência:

- anamnese;
- testagem e provas pedagógicas;
- laudo;

- devolução.

Segundo a epistemologia convergente, a seguinte ordem é praticada:

- entrevista operativa centrada da aprendizagem (Eoca);
- testes;
- anamnese;
- informe psicopedagógico;
- devolutiva.

O processo avaliativo tem início com a apresentação da demanda, momento em que hipóteses são levantadas e o investigador inicia sua reflexão acerca de métodos, técnicas e testes que poderão ser utilizados para compreender o histórico de desenvolvimento do indivíduo avaliado, sua relação familiar, acadêmica e social, assim como seu potencial e suas dificuldades de aprendizagem.

1.3
Preparo do ambiente de avaliação

Toda avaliação diagnóstica requer aptidão do avaliador quanto ao uso de técnicas, métodos e testes; cuidados no preparo do ambiente; e *rapport* entre avaliador e avaliando. O conhecimento teórico, as hipóteses levantadas, o diagnóstico, a conclusão diagnóstica, o plano de intervenção e os encaminhamentos necessários são responsabilidades éticas do profissional avaliador.

O ambiente no qual ocorre a avaliação deve ser livre de estímulos distratores (Urbina, 2007), ou seja, sem ruídos, excesso de informações, entre outras coisas que possam prejudicar a atenção. O local deve ter iluminação e ventilação adequadas, e o mobiliário deve ser confortável e adequado para realização dos testes. Durante a avaliação diagnóstica clínica, na sala de testagem não é permitida a presença de qualquer pessoa além do examinador e do avaliando, a fim de evitar a distração ou a influência no processo de testagem. A presença dos pais ou de intérpretes é permitida em situações especiais, quando dificuldades de comunicação devido à pouca idade, à origem linguística ou à deficiência a justifiquem, e essa informação deve constar no parecer diagnóstico.

No contexto da avaliação diagnóstica, o *rapport* se refere à relação harmônica que deve existir entre examinando e examinador. O *rapport* pode ser estabelecido no diálogo entre esses dois agentes e também durante a apresentação das regras e das instruções para realização das tarefas. Com crianças assustadas, "o *rapport* poderia abranger técnicas mais elaboradas, como envolver a criança no brinquedo ou em alguma outra atividade até que se adapte ao examinador e ao ambiente" (Cohen; Swerdlik; Sturman, 2014, p. 30). Para maximizar a fidedignidade e a validade dos resultados, uma atmosfera amigável precisa ser estabelecida desde o início da testagem, por isso o *rapport* deve variar de "bom" a "excelente", pois, com a falta de estabelecimento de vínculo entre examinador e examinando, o resultado do teste pode ser afetado negativamente (Urbina, 2007).

1.4 Entrevista inicial

O primeiro contato entre terapeuta e avaliando e/ou família se dá na entrevista inicial, quando a queixa é relatada. As famílias ou os avaliandos apresentam a problemática de acordo com o sofrimento ou as dificuldades correspondentes. Algumas pessoas minimizam, outras maximizam, e há também as que vêm com o diagnóstico supostamente pronto, pois afirmam que já leram e entendem "tudo" a respeito dos sintomas. Por esses e outros motivos, o momento de escuta deve ser planejado previamente, com questões exploratórias acerca da queixa, ou seja, o psicopedagogo tem de utilizar uma entrevista semiestruturada, porém não deve se prender a ela.

Segundo Chamat (2004), a entrevista inicial exploratória precisa contemplar os seguintes aspectos:

- história da queixa – quando começou o problema e quais fatos podem estar associados a ele;
- atitudes da família e da escola diante da situação da queixa (como a família e a escola reagiram em tal situação);
- rotina diária do indivíduo avaliado – realização de tarefas na escola e em casa;
- sintomas relacionados à queixa tanto para o indivíduo quanto para a família;
- comprometimento familiar referente à problemática;
- expectativas da família com relação ao diagnóstico e ao agente corretor;

- enquadramento.

Para facilitar esse primeiro momento de investigação, pode ser utilizada uma entrevista semiestruturada com um roteiro que contemple perguntas norteadoras. O entrevistador deve estar atento às informações apresentadas, assim como às mensagens não verbais enunciadas durante a entrevista. Os psicopedagogos precisam ter cuidado para não se distanciarem do foco de investigação e não serem invasivos caso surjam assuntos que não sejam relacionados ao tema em questão – que, nesse caso, é a aprendizagem.

A seguir, apresentamos um modelo de entrevista inicial para ser realizada com pais ou responsáveis, com base nas perguntas propostas por Chamat (2004).

Modelo de entrevista inicial

1. Em que posso ajudá-los? O que os trouxe aqui?
2. Qual o nome, a idade e o ano escolar do indivíduo a ser avaliado?
3. Quando começou o problema? Quais fatos se associam ao problema?
4. Quais foram e quais são as atitudes da família diante desse problema?
5. Como se sentem diante da problemática?
6. Quais as observações da equipe pedagógica diante dessa situação? Como se sentem a respeito?
7. E em casa, como é? (queixa secundária)
8. Fale-me sobre a rotina da criança durante a semana.
9. E nos finais de semana?

10. Como [nome do indivíduo] se comporta no momento de realizar a tarefa?
11. Vocês auxiliam integralmente ou parcialmente?
12. Quais são as dificuldades percebidas nesse momento?
13. Quais as facilidades e as habilidades percebidas na criança?
14. Como se compõe o quadro familiar: tem mais filhos? Como são?
15. Identificar as expectativas da família: o que esperam da avaliação e do avaliador?
16. Início do enquadramento: esclarecer que o diagnóstico será baseado no contexto familiar e escolar, portanto a participação ativa dos responsáveis será indispensável. O que pensam sobre isso?
17. Caso concordem com a proposta de avaliação, receberão esclarecimentos sobre qualquer dúvida que possa surgir.
18. Esclarecer sobre o processo diagnóstico: dias e horários de atendimento, honorários, procedimento em caso de falta, custas de visita à escola. O que acham?
19. Sobre a devolutiva, ao final da avaliação, serão apresentados os resultados do processo avaliativo: facilidades, dificuldades, necessidade de intervenção e encaminhamentos quando necessário.
20. Em caso de continuidade, para o processo de intervenção, será realizado um novo contrato de trabalho.
21. Alguma dúvida? Gostariam de acrescentar algo?
22. Propor os encaminhamentos da próxima sessão: histórico de vida do avaliando ou primeira sessão com a criança, ou entrevista com a escola (o avaliador deve dar o encaminhamento que julgar mais adequado).

1.5 Anamnese

A anamnese é um instrumento de grande relevância para uma avaliação diagnóstica. Essa entrevista, realizada com o indivíduo – ou, em caso de examinandos menores de idade, com os pais ou responsáveis –, resgata a história de vida do sujeito por meio de informações do presente e do passado, trazendo detalhes sobre o desenvolvimento, as aprendizagens, as dificuldades e as interações desde o nascimento. Portanto, quanto mais detalhada essa entrevista for, melhor será a coleta de informações.

A anamnese deve conter o histórico de evolução geral, conforme segue (Weiss, 2006; Rotta et al., 2006):

- concepção (bebê desejado ou acidental);
- gestação e nascimento (com ou sem intercorrências);
- desenvolvimento neuropsicomotor (quando começou a andar, falar e ter controle dos esfíncteres);
- alimentação, sono, sexualidade etc.;
- história clínica (doenças na infância, lesões, cirurgias);
- história familiar (fatos marcantes, como nascimentos, mortes, separações, mudanças);
- história escolar (alfabetização, vínculo com a aprendizagem e metodologia escolar, atividades extracurriculares);
- vínculos relacionais em casa, no ambiente escolar e no ambiente social.

Um roteiro de entrevista semiestruturada deve ser utilizado a título de orientação, para o examinador não deixar de abordar os assuntos essenciais à investigação. Esse roteiro não deve ser rígido, permitindo que os entrevistados possam expressar seus conteúdos de forma espontânea. As informações devem ser coletadas e registradas atentamente para que se possa realizar o levantamento de hipóteses com base na análise do conteúdo apresentado.

A seguir, veremos um modelo de entrevista de anamnese.

Modelo de entrevista de anamnese

IDENTIFICAÇÃO

Nome da criança/do adolescente:

Data de nascimento: Idade:

Sexo: ( ) Masculino   ( ) Feminino

Local de nascimento:

Nome do **pai**:   Idade: Profissão:
Escolaridade:

Nome da **mãe**:   Idade: Profissão:
Escolaridade:

Irmãos da criança, se houver:

Nome: Idade: Escolaridade:

Nome: Idade: Escolaridade:

Nome: Idade: Escolaridade:

DADOS RESIDENCIAIS

Endereço: Bairro: Cidade:
CEP: Telefone residencial:
Celular: Celular do responsável:

DADOS ESCOLARES

Nível escolar da criança/do adolescente:
Escola: ( ) Particular ( ) Pública
Atividades extracurriculares:

ACOMPANHAMENTOS

( ) Pediatra ( ) Neurologista ( ) Psiquiatra
Outras especialidades:
( )Fonoaudiólogo ( ) Psicólogo ( ) Psicopedagogo
Outros:
( ) Faz uso de medicação ou outro tratamento? Quais?

Observações:

QUEIXA INICIAL

ANTECEDENTES PESSOAIS

A criança foi planejada?
Número de gestações?
Quantos filhos vivos?
Filhos não vivos?   *Causa mortis*?

Adoção?

Com qual idade a criança foi adotada?

Observações:

GESTAÇÃO

Idade da mãe durante a gestação:

Tempo de gestação:

Intercorrências: ( ) Não ( ) Sim Por quê?

( ) Enjoos ( ) Vômitos ( ) Diabetes gestacional

( ) Pressão alta ( ) Traumatismos ( ) Uso de medicação
Quais?

Sensações psicológicas durante a gravidez:

Outros:

Observações:

CONDIÇÕES DE NASCIMENTO

Desenvolvimento do parto:

( ) Natural ( ) Fórceps ( ) Cesariana

Posição do nascimento:

( ) Cabeça ( ) Ombro ( ) Nádegas ( ) Transversal

Primeiras reações:

( ) Chorou logo ( ) Ficou roxo

Por quanto tempo?

( ) Precisou de oxigênio ( ) Prematuridade

( ) Internamento neonatal

Por quanto tempo?

Observações:

ALIMENTAÇÃO

Quanto tempo após o parto recebeu a primeira alimentação?

( ) Mamou logo ( ) Engoliu com facilidade

( ) Alimentação natural

( ) Mamadeira

Até quando?

Atualmente: Rejeita alimentação em alguma circunstância?

Atitude tomada pela família?

Quais os tipos de alimentos que fazem parte do hábito familiar?

Em que momentos os membros da família fazem a refeição juntos?

Observações:

DESENVOLVIMENTO PSICOMOTOR

Quando engatinhou?

Quando ficou em pé?

Quando andou?

Quando começou a falar?

( ) Falou corretamente

( ) Trocou letras

Quais?

( ) Gaguejou

Atitudes tomadas pela família em caso de dificuldades na linguagem:

Controle dos esfíncteres?

( ) Anal diurno

Quando?

( ) Vesical diurno

Quando?

( ) Vesical noturno

Quando?

Dominância: ( ) Direita ( ) Esquerda

Dentição: ( ) Uso de aparelhos

Observações:

MANIPULAÇÕES E TIQUES

( ) Uso de chupeta ( ) Chupar o dedo

( ) Roer unha ( ) Puxar a orelha

( ) Arrancar os cabelos ( ) Morder os lábios

Outros:

Atitude tomada ante esses hábitos:

Observações:

QUALIDADE DO SONO

( ) Dorme bem

( ) Pula enquanto dorme

( ) Baba à noite

( ) Sudorese durante o sono
( ) Fala dormindo
( ) Grita durante o sono
( ) É sonâmbulo
( ) Informa ter pesadelos
( ) Dorme do lado da cabeceira e acorda nos pés da cama
( ) Dorme em quarto individual
( ) Divide o quarto com irmãos/outros
Quem?
( ) Dorme com os pais
( ) Acorda e vai para a cama dos pais
Atitude dos pais?
Observações:

DESENVOLVIMENTO DA SEXUALIDADE

( ) Curiosidade sexual ( ) Já recebeu orientação sexual
Quando e por quem?
Observações:

DESENVOLVIMENTO DA SOCIABILIDADE

( ) Tem companheiros ( ) Prefere brincar sozinho
( ) Faz amigos facilmente
Quem são os companheiros da criança?
( ) Irmãos ( ) Vizinhos ( ) Colegas da escola
Outros:

Prefere amigos ( ) mais novos
( ) da mesma idade ( ) mais velhos
Quem os escolhe?
Tem bom relacionamento?
Que tipo de brinquedos prefere?
( ) É cuidadoso ( ) É descuidado
( ) Divide os brinquedos com os colegas
Opção familiar de lazer:
Observações:

DOENÇAS

Doenças: quais e em qual idade?
Procedimentos cirúrgicos: quais e em qual idade?
( ) Convulsões ( ) Desmaios ( ) Acidentes ( ) Quedas
Outros:
Nível de gravidade:
Idade quando ocorreu o acidente:
Ficou hospitalizado?
Explicar:
Observações:

ANTECEDENTES FAMILIARES

As questões a seguir devem ser respondidas considerando-se: pai, mãe, avós paternos e maternos, tios e primos maternos e paternos.

( ) *Deficit* cognitivo ( ) Doença psiquiátrica
( ) Depressão ( ) Ansiedade
( ) Alcoolismo ( ) Uso de drogas ( ) Tabagismo
( ) Doenças crônicas
Outras:
Observações:

FAMÍLIA

Quantas pessoas compõem a família?
Mora mais alguém além dos pais e dos irmãos?
Quem?
Por quê?

RELACIONAMENTO FAMILIAR

Entre os pais?
Entre a mãe e a criança/o adolescente?
Entre o pai e a criança/o adolescente?
Entre os irmãos?
Entre os avós e os pais da criança?
Entre os avós e a criança?

ESCOLA

Gosta de ir para a escola?
Gosta dos professores?
Gosta dos colegas?
É irrequieta na classe?

Como funciona a rotina de estudos?

A criança tem autonomia para realização das tarefas?

Os pais acompanham as atividades da escola?

Já esteve em outra escola?

Por que mudou?

Observações:

Gostariam de acrescentar algo?

Assinatura do entrevistado (responsável):

Data:

1.6
Entrevista operativa centrada na aprendizagem

Na entrevista operativa centrada na aprendizagem (Eoca), o examinador observa os vínculos do examinando por meio de objetos e do conteúdo da aprendizagem, assim como analisa defesas, resistências e formas de enfrentamentos.

Com o propósito de investigar o modelo de aprendizagem, a Eoca tem sua prática baseada na psicologia social de Pichón-Rivière, nos postulados da psicanálise e no método clínico da Escola de Genebra (Bossa, 2000, p. 44). Entretanto, segundo Visca (1987, p. 72), a Eoca se focaliza sobre a aprendizagem, ou melhor dizendo, sobre a investigação do modelo de aprendizagem, vale dizer naquilo que alguém aprende e aprende a aprender.

A Eoca é uma técnica simples, porém traz uma fonte rica de resultados, permitindo a sondagem de aspectos manifestos e latentes, conforme os conhecimentos do examinando. As propostas (consignas) apresentadas nesse instrumento deverão estar de acordo com a faixa etária e a escolaridade do sujeito avaliado.

Portanto, para colocar em prática esse tipo de entrevista, o pscicopedagogo deve colocar os seguintes materiais sobre uma mesa:

- para crianças em idade escolar – folhas brancas de papel ofício, papel pautado, folhas coloridas, lápis sem ponta, lápis de cor na embalagem, tesoura, cola, caneta marca-texto, livro, revista, gibi, jogos;
- para crianças em idade pré-escolar – acrescentar aos materiais citados anteriormente, como massinha, jogos de encaixe, materiais adequados para faixa etária;
- para adolescentes e adultos – papéis, revistas, livros para auxiliar a conversação.

Após a apresentação do material, sugerimos que o profissional faça ao examinando o seguinte questionamento proposto por Visca (1987, p. 72):

"Gostaria que me mostrasse o que sabe fazer, o que te ensinaram e o que você aprendeu."

O entrevistador deve observar as atitudes do examinando: quais são suas preferências; como seleciona e utiliza o material; se apresenta ansiedade, resistências etc. Com base no que foi apresentado pelo sujeito, continuamos com as orientações (Chamat, 2004; Weiss, 2006; Sampaio, 2014):

> Você já me mostrou que sabe desenhar (pintar, ler etc.), agora gostaria que me mostrasse outra coisa.

Além dos exemplos que apresentamos, existem outros tipos de consignas:

- Consigna aberta: Gostaria que você me mostrasse o que quisesse com estes materiais.
- Consigna fechada: Gostaria você me mostrasse algo diferente do que já me mostrou.
- Consigna direta: Gostaria que me mostrasse algo de matemática, escrita, leitura etc.
- Consigna múltipla: Você pode ler, escrever, pintar, desenhar, recortar etc.
- Consignas para pesquisa: Para que serve isto? O que você fez? Que horas são? Que cor você está utilizando? etc.

Durante a aplicação dessa técnica, o examinador deve observar os seguintes aspectos:

- Temática: Tudo o que o sujeito diz, que tem sempre um aspecto manifesto e outro latente.
- Dinâmica: Tudo aquilo que o sujeito faz – gestos, tons de voz, postura corporal, maneira de pegar os materiais, de sentar etc.
- Produto: O que sujeito realizou e deixou registrado.

Quadro 1.2 – Modelo de roteiro de avaliação da Eoca

Aspectos	Ação do sujeito	Possíveis causas
Temática		
Dinâmica		
Produto		
Obstáculos que emergem na relação com o conhecimento		
Hipóteses		
Delineamento da investigação		

Fonte: Chamat, 2004, p. 74.

Segundo a análise dos três aspectos observados na Eoca (temática, dinâmica e produto), o avaliador deve levantar um sistema de hipóteses conforme as linhas de pesquisa cognitiva, afetiva e orgânico-funcional, a saber:

- nível pedagógico – leitura, escrita, aritmética;
- nível cognitivo – pré-operatório, operatório concreto, operatório formal ou em nível de transição;
- vínculo com a aprendizagem;
- coordenação motora;
- modalidade de aprendizagem – hipoassimilativa ou hiperassimilativa, hipoacomodativa ou hiperacomodativa;
- organização, atenção etc.;
- ansiedade;
- perfeccionismo;
- possíveis problemas orgânicos;
- outras hipóteses.

1.7
Hora do jogo pedagógico

A técnica da hora do jogo é uma atividade lúdica, desenvolvida por Sara Paín em 1985, utilizada em avaliação diagnóstica para observar dificuldades de aprendizagem, em três aspectos da função semiótica: o jogo, a imitação e a linguagem. Segundo Paín (1992), por meio do recurso lúdico, o profissional pode obter informações sobre o processo de elaboração e construção de esquemas que organizam e compõem o conhecimento em nível representativo.

Com essa atividade, o psicopedagogo pode identificar a modalidade de aprendizagem do sujeito, a saber:

Hipoassimilativa – a criança é bastante tímida, quase não fala, não explora os objetos na mesa, costuma querer ficar em uma mesma atividade.

Hiperassimilativa – a criança traz vários assuntos enquanto realiza a atividade, conversa, pergunta, questiona, mas não costuma ouvir porque já está formulando outra pergunta. Prende-se aos detalhes e não observa o todo.

Hipoacomodativa – apresenta dificuldades de estabelecer vínculos emocionais e cognitivos. Pode ser confundido com um preguiçoso. Também não explora muito os objetos como se eles fossem machucá-lo. Normalmente permanece em uma atividade.

Hiperacomodativa – tem dificuldade de criar, repete o que aprende sem questionar, sem investigar, é muito obediente, aceita tudo, é submisso. (Sampaio, 2014, p. 38)

Os objetivos da técnica da hora do jogo são:

Verificar na criança a inter-relação que esta estabelece com o desconhecido e o tipo de obstáculo que emerge dessa relação;

Possibilitar uma leitura dos aspectos relacionados à função semiótica da criança, por meio de símbolos, e verificar o nível dos processos acomodativos e assimilativos;

Fazer uma leitura dos conteúdos manifestos pela criança em relação aos aspectos afetivo-emocionais, relacionando-os com a aprendizagem. (Chamat, 2004, p. 99)

Modelo de aplicação da técnica da hora do jogo

1. Primeiramente, dispor o seguinte material na caixa lúdica:
   - papel, lápis grafite, lápis de cor, apontador, borracha, canetinhas, régua;
   - massa de modelar;
   - tesoura sem ponta;
   - pega-vareta;
   - bonecos que representem pessoas e animais, bebê, mamadeira;
   - bonecos de guerra, espadas;
   - fantoches;
   - veículos, carro de polícia, carro de bombeiro;
   - dinheiro de brinquedo, telefone, conjunto de cozinha, miniaturas de supermercado, miniaturas de móveis

de casa, fazendinha, miniaturas de objetos de beleza (pente, batom, esmalte, colares, maquiagem);
- jogos clássicos: dominó, dama, xadrez, memória, quebra-cabeça;
- objetos musicais;
- livros de histórias infantis (contos de fadas clássicos).

2. Consigna:
"Aqui está uma caixa com muitas coisas e você pode brincar com tudo o que quiser. Enquanto isso, eu vou anotar o que você vai fazendo. Um pouco antes de terminar, eu vou avisá-lo".

3. Tempo de duração da técnica: de 50 a 60 minutos.

Alguns pontos importantes a serem identificados e registrados na sessão da hora do jogo e que ilustram aspectos fundamentais da aprendizagem são: "a distância do objeto, capacidade de inventário; função simbólica, adequação significante-significado; organização, construção da sequência; integração, esquema de assimilação" (Rubinstein, 2006, p. 122).

Portanto, o avaliador deve observar e registrar a forma com a qual a criança se identifica ou se distancia do objeto, o modo como classifica os itens, as hipóteses levantadas, sua organização, a maneira como os manipula, os relatos enunciados durante a atividade e os vínculos com esquemas anteriores.

Quando se trata da hora do jogo, Aberastury (1982, p. 108) ressalta que: "Sem dúvida para analisar uma criança não basta um frio conhecimento da técnica e da teoria. É necessário ter algo do prazer que sente a criança ao brincar, manter algo da ingenuidade, da fantasia e da capacidade de assombro, que são inerentes a infância".

Síntese

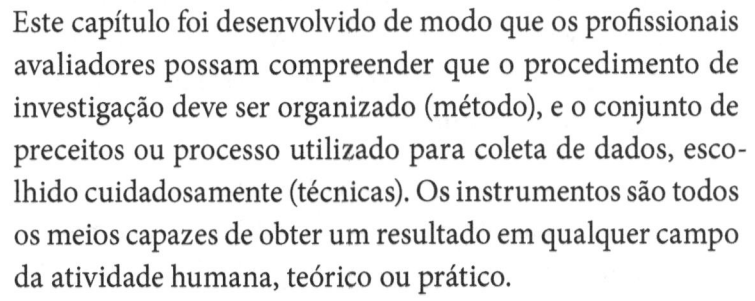

Este capítulo foi desenvolvido de modo que os profissionais avaliadores possam compreender que o procedimento de investigação deve ser organizado (método), e o conjunto de preceitos ou processo utilizado para coleta de dados, escolhido cuidadosamente (técnicas). Os instrumentos são todos os meios capazes de obter um resultado em qualquer campo da atividade humana, teórico ou prático.

Logo, a escolha da sequência diagnóstica e o preparo do ambiente são de fundamental importância para a realização dos procedimentos iniciais a partir da queixa: roteiro de entrevista inicial, anamnese, Eoca e hora do jogo diagnóstico.

Atividades de autoavaliação

1. De acordo com Weiss (2006), em linhas gerais temos o seguinte esquema sequencial para a avaliação diagnóstica:
   a) Anamnese; testagem e provas pedagógicas; laudo; devolução.
   b) Entrevista familiar exploratória; entrevista de anamnese; sessões lúdicas centradas na aprendizagem; complementação com provas e testes; síntese diagnóstica ou prognóstico; entrevista de devolução e encaminhamento.
   c) Eoca; testes; anamnese; informe psicopedagógico; devolutiva.
   d) Sessões lúdicas centradas na aprendizagem; complementação com provas e testes; síntese diagnóstica.

e) Entrevista familiar exploratória; entrevista de anamnese; sessões lúdicas centradas na aprendizagem; complementação com provas e testes; síntese diagnóstica ou prognóstico; entrevista de devolução e encaminhamento.

2. Segundo Chamat (2004), a entrevista inicial exploratória contempla alguns aspectos. Assinale a alternativa que apresenta algo que **não** faz parte dessa etapa do diagnóstico.
   a) História da queixa.
   b) Atitudes da família e da escola diante da situação da queixa.
   c) Rotina diária do indivíduo avaliado.
   d) Sintomas relacionados à queixa tanto para o indivíduo como para família.
   e) Enquadramento da intervenção.

3. Entrevista que tem o objetivo de resgatar a história de vida do indivíduo por meio de informações do presente e do passado, de detalhes sobre o desenvolvimento, das aprendizagens, das dificuldades e das interações desde o nascimento. Essa descrição se refere à:
   a) entrevista inicial.
   b) anamnese.
   c) entrevista admissional.
   d) entrevista devolutiva.
   e) entrevista institucional.

4. Com relação ao ambiente no qual ocorre a avaliação, marque V para as assertivas verdadeiras e F para as falsas:
( ) O local da avaliação deve ter iluminação e ventilação adequadas.
( ) O mobiliário deve ser confortável e adequado para realização dos testes.
( ) Durante a entrevista, é permitida a presença de qualquer pessoa além do examinador e do avaliando.
( ) A presença dos pais ou de intérpretes é permitida em situações especiais, quando dificuldades de comunicação devido à pouca idade, à origem linguística ou à deficiência a justifiquem, e essa informação deve constar no parecer diagnóstico.
( ) O ambiente deve ser livre de estímulos distratores, ou seja, sem ruídos, excesso de informações, entre outras coisas que possam prejudicar a atenção.

5. É uma técnica simples, porém nos traz uma fonte rica de resultados, permitindo a sondagem de aspectos manifestos e latentes, conforme os conhecimentos do examinando: "se focaliza sobre a aprendizagem, ou melhor dizendo, sobre a investigação do modelo de aprendizagem, vale dizer naquilo que alguém aprende e aprende a aprender" (Visca, 1987, p. 72). Essa descrição se refere à técnica:
a) hora do jogo.
b) caixa lúdica.
c) Eoca.
d) caixa de areia.
e) jogos e brincadeiras.

Atividades de aprendizagem

Questões para reflexão

1. Quais são os conhecimentos fundamentais para o bom andamento de uma avaliação psicopedagógica?

2. Qual é a importância da entrevista inicial exploratória para a avaliação psicopedagógica?

Atividade aplicada: prática

1. Com base nas definições dos tipos de entrevista, elabore um roteiro de entrevista exploratória inicial a partir de uma queixa sobre queda no rendimento escolar.

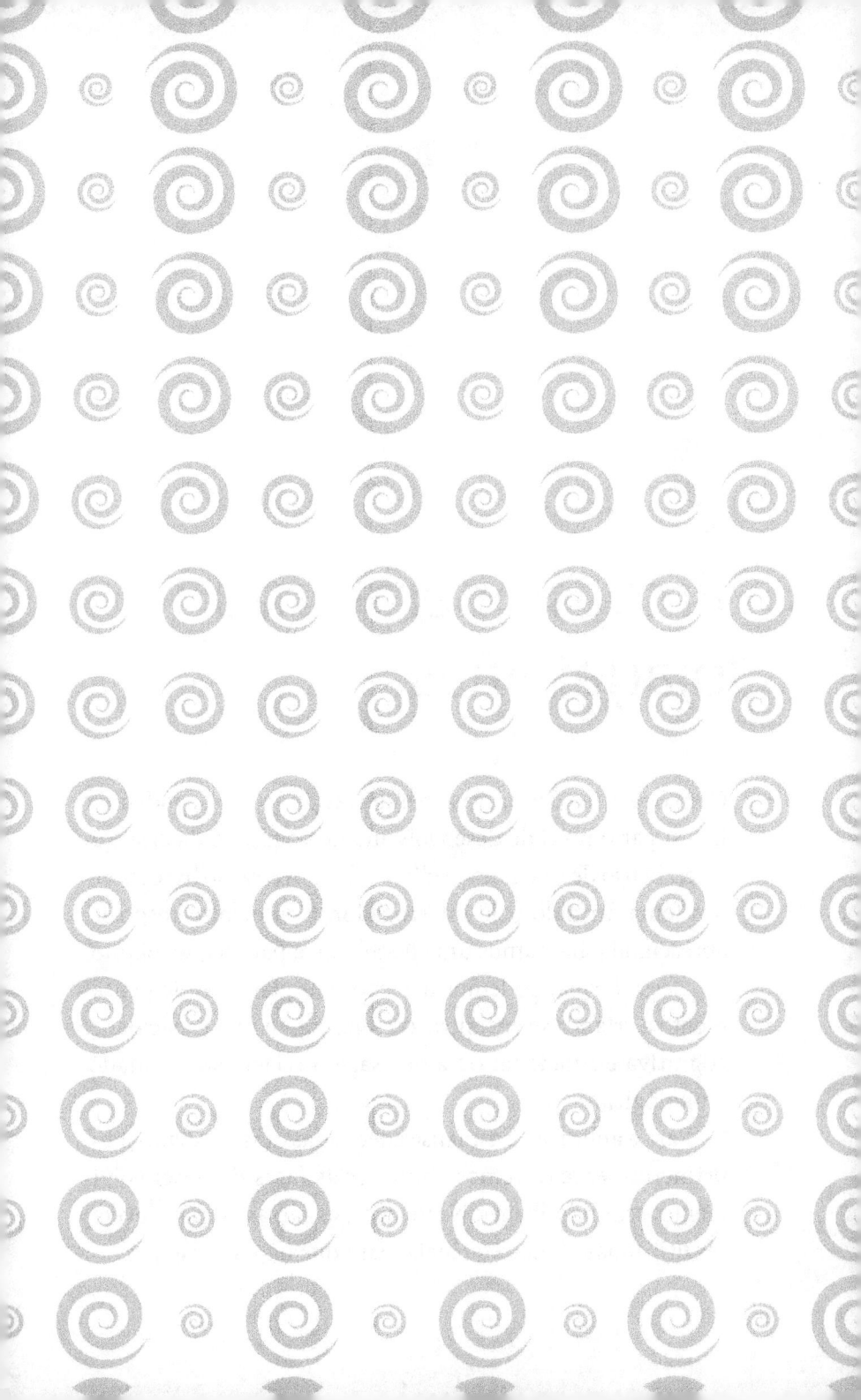

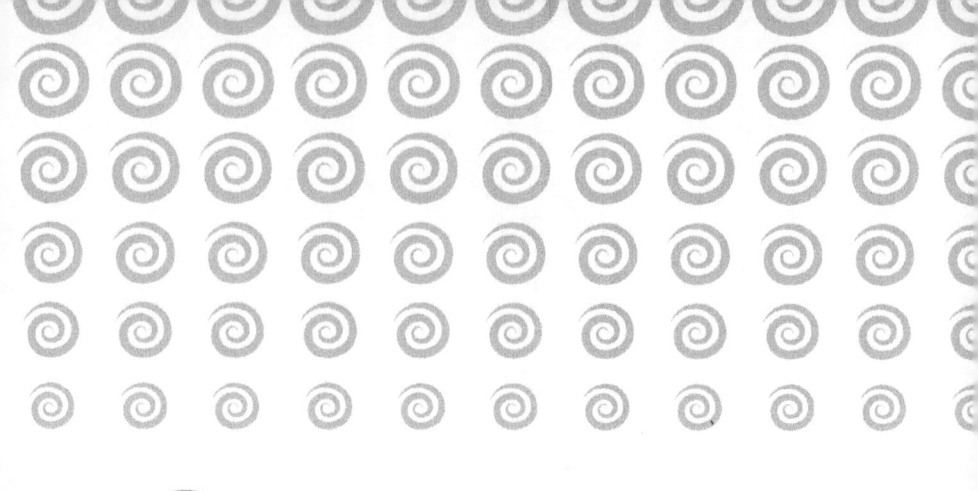

2
Provas operatórias piagetianas

Com o recurso das provas operatórias piagetianas, podemos investigar o nível de desenvolvimento cognitivo da criança, fazendo uso de um método clínico de conversação livre sobre um tema dirigido pelo interrogador. Conforme a resposta apresentada, buscamos uma justificativa para o que foi dito.

Dessa forma, podemos detectar em qual nível de pensamento a criança se encontra, ou seja, conhecer a capacidade cognitiva e funcional ou a defasagem relacionada à idade cronológica.

Para a aplicação e a análise adequadas desse instrumento, primeiramente devemos conhecer as fases do desenvolvimento, segundo Piaget. Nesse caso, as faixas etárias devem ser utilizadas como referência, para que não haja rigidez.

2.1
Níveis operatórios segundo Piaget

De acordo com Piaget, os estágios cognitivos são: período sensório-motor, período das operações concretas e período operatório formal. Vejamos cada um deles a seguir.

◉ **Período sensório-motor (do nascimento aos 2 anos)**

Período que se estende do nascimento ao aparecimento da linguagem. Gradualmente, a criança se relaciona com o ambiente por meio de atividades sensório-motoras.

- Estágio I (até 1 mês): exercícios reflexos.
- Estágio II (de 1 mês a 4 meses e meio): primeiros hábitos: início dos condicionamentos estáveis e **reações circulares primárias**, como chupar o dedo.
- Estágio III (de 4 meses e meio a 8-9 meses): coordenação da visão e da preensão; início das **reações secundárias**. Começo da coordenação de espaços, sem a busca de objetos desaparecidos.
- Estágio IV (de 8-9 meses a 11-12 meses): coordenação dos esquemas secundários; interesse voltado aos objetos; início da busca pelo objeto desaparecido, mas ainda sem coordenação.
- Estágio V (de 11-12 meses a 18 meses e meio): diferenciação dos esquemas de ação, por **reação circular terciária**, exploração e tateamento. Descoberta de novos meios para

busca do objeto; busca do objeto desaparecido em função do deslocamento e início de organização.

- Estágio VI (de 18 a 24 meses aproximadamente): começo da interiorização dos esquemas e solução de problemas; parada da ação e compreensão brusca. O objeto é incorporado para além de seu deslocamento imperceptível.

Período das operações concretas (de 2 anos a 11-12 anos)

Esse período é dividido em subperíodos de preparação funcional de estrutura pré-operatória e de estruturação propriamente operatória.

- **Subperíodo pré-operatório** (de 2 anos a 7-8 anos): a criança desenvolve um sistema representacional, faz uso da linguagem e de brincadeiras imaginativas.
  - Estágio I (de 2 anos a 4 anos): aparecimento da função simbólica e início da interiorização dos esquemas de ação e representação. Linguagem, jogo simbólico, início da imagem mental.
  - Estágio II (de 4 anos a 5 anos e meio): organizações representativas. As primeiras estruturas representativas surgem nesse nível, assim como questionamentos a respeito dos objetos a serem manipulados. A criança baseia seu pensamento na percepção do objeto; ainda não há conservação de conjuntos, quantidades etc.
  - Estágio III (de 5 anos e meio a 7-8 anos): regulações representativas articuladas. Fase intermediária entre não conservação e conservação. Início de compreensão

entre os arranjos e transformações; os pensamentos são semirreversíveis (relação de ordem, classificação).

- **Subperíodo operatório concreto** (de 7-8 anos a 11-12 anos): aquisição da reversibilidade. Período caracterizado por uma série de estruturas em fase de acabamento; as operações de classificação e seriação são construídas; há entendimento das noções de conservação de substância, peso e volume. Início das operações concretas, sem a possibilidade de considerar as hipóteses.

- Período operatório formal (de 11-12 anos em diante)

Nesse nível, aparecem a lógica das proposições, o desenvolvimento das estruturas cognitivas, as combinações das operações, a capacidade de raciocinar sobre enunciados e hipóteses não necessitando a presença do objeto (Piaget, 1983, p. 237-241).

2.2
Provas operatórias

As provas operatórias têm como objetivo principal detectar o nível de pensamento alcançado pela criança, ou seja, o nível de estrutura cognoscitiva em que ela opera (Weiss, 2003). As provas operatórias piagetianas partem de um método clínico de conversação livre sobre um tema dirigido pelo interrogador e, conforme a resposta apresentada, busca-se uma justificativa sobre o que a criança está dizendo.

De acordo com Rubinstein (2006, p. 70), as provas operatórias "avaliam a noção de conservação e as operações lógicas de classificação e seriação, nos níveis concreto e formal, e encontram-se diluídas na obra de Piaget. Alguns autores fizeram a seleção e organização das mesmas com o intuito de facilitar a sua utilização clínica ou escolar".

Quadro 2.1 – Provas piagetianas de acordo com a idade inicial para aplicação

Provas operatórias	Faixa etária
Seriação	6 ~ 7 anos
Conservação de pequenos conjuntos discretos	6 ~ 7 anos
Conservação de quantidade de líquidos	7 ~ 8 anos
Conservação de quantidade de massa	7 ~ 8 anos
Conservação de superfície	7 ~ 8 anos
Conservação de comprimento	7 ~ 8 anos
Espaço unidimensional	7 ~ 8 anos
Conservação de peso	7 ~ 8 anos
Classificação de interseção de classes	8 ~ 9 anos
Classificação de mudança de critério	8 ~ 9 anos
Classificação de quantificação da inclusão de classes	8 ~ 9 anos
Espaço bidimensional	8 ~ 9 anos
Conservação de volume	10 ~ 11 anos
Espaço tridimensional	Acima de 12 anos*
Combinação de fichas	Acima de 12 anos
Permutação de fichas	Acima de 12 anos
Predição	Acima de 12 anos

Fonte: Sampaio, 2014, p. 44-45.

*Acima de 12 anos, iniciar com a prova conservação de volume, na falta de êxito aplicar as provas anteriores.

Algumas estratégias que o examinador pode adotar são:

- fazer pedido de estabelecimento da igualdade inicial para averiguar se indivíduo identifica diferença ou igualdade iniciais;
- criar um argumento;
- fazer pergunta para confirmar o estabelecimento de diferença ou igualdade iniciais;
- fazer pergunta provocadora de argumentação para incentivar respostas argumentadas;
- realizar o retorno empírico sempre antes da próxima modificação;
- promover contra-argumentações, ou seja, se a criança conservar a resposta, inverter a pergunta e observar se ela mantém a argumentação;
- promover contra-argumentações com terceiros;
- fazer pergunta de coticidade;
- elaborar proposta de verificação empírica (Visca, 1997; Sampaio, 2014).

A segurança quanto ao uso dos materiais e das estratégias de investigação adequados nos dão condições para identificarmos com clareza o nível cognitivo. Sampaio (2014) ressalta a importância de averiguar a capacidade de argumentação do indivíduo avaliado, por exemplo:

- argumentação de identidade: consegue explicar que o material apresentado tem a mesma quantidade, informando que nada foi tirado nem colocado;

- argumentação de reversibilidade: relata que, ao refazer uma bola, a nova bola terá a mesma quantidade de massinha da bola anterior;
- argumentação de compensação: consegue perceber que um vaso é mais alto do que outro, porém mais fino.

O registro dos procedimentos deve ser detalhado, demonstrando, além das respostas e das argumentações da criança, atitudes, soluções, formas de organização, inseguranças e inquietações durante a aplicação das provas. Essa análise indica o nível operatório do indivíduo e sua correlação com uma faixa etária, aspecto que é agrupado em níveis. Considerando os estudos de Visca e Weiss (2003) apresenta os níveis avaliados de acordo com o domínio alcançado nas provas operatórias:

- nível 1: ausência total da noção, isto é, não atingiu o nível operatório nesse domínio;
- nível 2 ou intermediário: as respostas ou condutas apresentam instabilidade, oscilações ou são incompletas – em um primeiro momento se conservam, em outros não;
- nível 3: as respostas demonstram o nível operatório no domínio testado.

Para o planejamento da aplicação das provas, devemos levar em consideração a queixa apresentada e a noção de aquisição relacionada à idade do examinando. O modelo de aplicação das provas apresentadas neste livro está de acordo com estudos realizados por Piaget (1983), Dolle (1983), Visca

(1987), Weiss (2003) e Sampaio (2014). Vejamos, a seguir, esses modelos de provas operatórias.

2.2.1 Prova de seriação: seriação de bastonetes/palitos

◎ Seriação de bastonetes/palitos

Objetivo

Avaliar a capacidade de seriar.

Material

- 10 bastonetes/palitos de aproximadamente 1 cm de largura, com diferença de 0,6 cm de altura de um para outro (de 10 a 16 cm)
- 1 anteparo de papelão

Procedimento

Apresentar à criança os 10 palitos em desordem, para que ela conheça o material. Solicitar a ela que ordene do menor ao maior ou vice-versa.

Em seguida, entregar-lhe um bastonete, retirado anteriormente sem que a criança tenha visto, para que ele seja colocado no lugar.

Por fim, desordenar os palitos e pedir a criança que os entregue em ordem para que o examinador os coloque atrás do anteparo.

Desenvolvimento

Figura 2.1 – Seriação de palitos

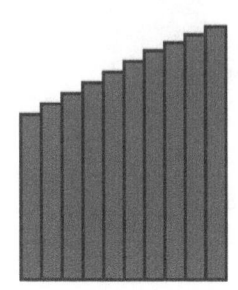

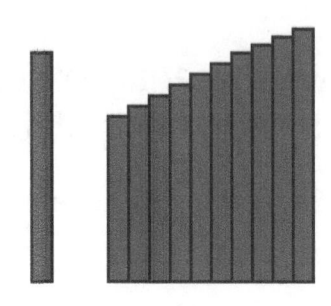

O examinador deve entregar à criança 10 palitos de forma desordenada para conhecimento do material.

Seriação a descoberto

Perguntar à criança: "Você poderia fazer uma escadinha com os palitos, colocando-os em ordem do menor para o maior?".

Caso a criança não compreenda o pedido, o examinador pode demonstrar com três palitos. Registrar a sequência formada pela criança.

Se a criança acertar a seriação, pedir a ela que feche os olhos. O examinador deve retirar um palito. Requisitar que a criança abra os olhos e solicitar que coloque o palito no lugar correto: "Você poderia colocar este palito no lugar certo?".

Seriação oculta atrás do anteparo

O examinador informa que fará uma escadinha atrás do papelão e pede ao examinando que entregue em ordem os palitos que estão desordenados. Registrar a sequência.

Avaliação

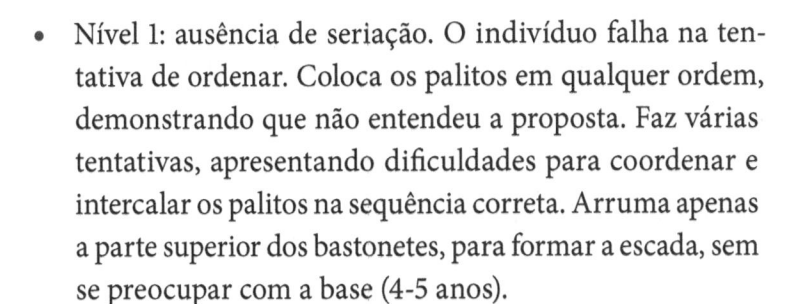

- Nível 1: ausência de seriação. O indivíduo falha na tentativa de ordenar. Coloca os palitos em qualquer ordem, demonstrando que não entendeu a proposta. Faz várias tentativas, apresentando dificuldades para coordenar e intercalar os palitos na sequência correta. Arruma apenas a parte superior dos bastonetes, para formar a escada, sem se preocupar com a base (4-5 anos).
- Nível 2: intermediário. O examinando tenta ordenar por tentativa e erro. Sobrepõe, compara até encontrar o que serve. Faz a seriação por regulações sucessivas (a partir de 6 anos).
- Nível 3: êxito. O examinando realiza com facilidade a escada, de forma ordenada. Inclui com facilidade o bastão de inclusão. Para realizar a tarefa do anteparo, pode organizar os palitos antes de entregá-los ou por tamanho ou pela linha de base (6-7 anos).

Nível em que a criança se encontra

( ) Pré-operatório intuitivo global
( ) Pré-operatório intuitivo articulado
( ) Primeiro estágio do operatório concreto

2.2.2
Provas de classificação: mudança de critério, inclusão de classes, interseção de classes

Mudança de critério

Objetivo

Avaliar a capacidade de classificar objetos.

Material

- 5 círculos vermelhos de 2,5 cm de diâmetro
- 5 círculos vermelhos de 5 cm de diâmetro
- 5 círculos azuis de 2,5 cm de diâmetro
- 5 círculos azuis de 5 cm de diâmetro
- 5 quadrados vermelhos de 2,5 cm de lado
- 5 quadrados vermelhos de 5 cm de lado
- 5 quadrados azuis de 2,5 cm de lado
- 5 quadrados azuis de 5 cm de lado
- 2 caixas planas de aproximadamente 4-5 cm de altura e 12 cm de lado

Procedimento

Entregar à criança as figuras geométricas de formas, tamanhos e cores diferentes de forma desordenada, para que inicialmente o examinando realize uma classificação espontânea. Posteriormente, pedir que classifique em dois grupos, colocando cada um deles em uma das duas caixas.

Dar esse comando algumas vezes, com critérios diferentes de organização e nomeação das classes. A cada pedido de mudança de critério, retirar o material da caixa e deixá-lo sobre a mesa de forma desordenada.

Desenvolvimento

Primeiramente, pedir uma descrição do material: "Você pode me dizer o que está vendo?".

Depois, solicitar uma classificação espontânea: "Você pode colocar juntas as fichas que combinam?".

Em seguida, fazer o pedido de dicotomia: "Gostaria que você fizesse dois grupos e colocasse cada um deles em uma das caixas".

Como última solicitação, pedir que nomeie as classes de acordo com a organização: "Por que você arrumou assim? Como poderia chamar este monte? E o outro?".

Retirar as fichas das caixas e colocá-las misturadas na mesa.

Figura 2.2 – Apresentação inicial

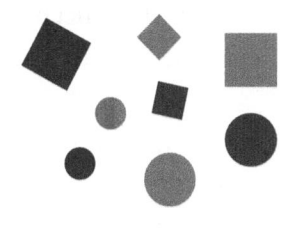

Figura 2.3 – Dicotomia

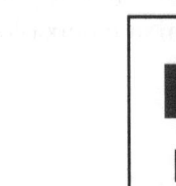

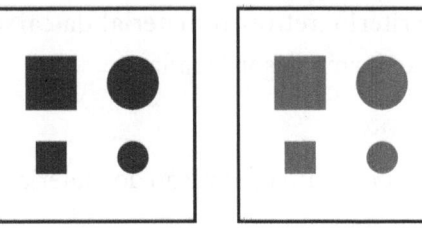

Figura 2.4 – Mudança de critério

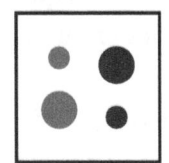

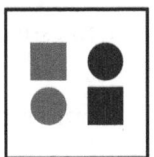

Primeira mudança de critério

Para começar, fazer um pedido de dicotomia: "Agora, volte a separar, agrupando de forma diferente da anterior".

Se a criança repetir o critério, incentivar um novo critério; se necessário, iniciar a separação e pedir à criança para continuar.

Em seguida, solicitar que nomeie os novos agrupamentos: "Que nome você daria a cada grupo?".

Retirar as fichas das caixas e colocá-las misturadas na mesa.

Segunda mudança de critério

Repetir o procedimento anterior. Verificar se a criança consegue separar as figuras de maneira diferente. Solicitar nomeação dos conjuntos formados.

Registrar cada passo e avaliar.

Argumentos utilizados

( ) Argumento de identidade
( ) Argumento de compensação
( ) Argumento de reversibilidade
( ) Nenhum

Avaliação

- Nível 1: ausência de classificação. Apresentação de coleções figurais. O entrevistado arruma as fichas para formar figuras, como casa, trem, flor. Pode arrumar fichas semelhantes, não utilizando todas as figuras (4-5 anos).
- Nível 2: intermediário. Início da classificação. Realiza coleções justapostas sem que haja relação entre elas (5-6 anos).
- Nível 3: êxito. Realiza dicotomia por critérios. Identifica facilmente dois critérios. Em nível mais avançado, pode utilizar os três critérios espontaneamente (6-7 anos).

Nível em que a criança se encontra

( ) Pré-operatório intuitivo global
( ) Pré-operatório intuitivo articulado
( ) Primeiro estágio do operatório concreto

Inclusão de classes

Objetivo

Avaliar a capacidade de quantificar a inclusão de classes.

Material

- Com flores: 10 margaridas ou lírios, 3 rosas.
- Com animais: 10 animais de uma espécie, 3 de outra espécie.
- Com outros objetos: 10 carrinhos, 3 ônibus.

Procedimento

Perguntar o nome das flores.
   Questionar se as margaridas/lírios e as rosas são flores.
   Perguntar sobre as quantidades; se há mais rosas ou mais margaridas/lírios.
   Questionar qual o ramo maior: um com margaridas/lírios ou outro com todas as flores.

Desenvolvimento

Figura 2.5 – Apresentação inicial

Gannie, Anna Tyukhmeneva e Naddya/Shutterstock.

Apresentar os materiais e realizar perguntas, por exemplo:

- O que você sabe me dizer sobre este material?
- Você sabe o nome destas flores?
- Pode me dizer alguns nomes de flores?
- As margaridas/lírios são flores?
- As rosas são flores?
- Quando você olha para todos eles, você vê mais margaridas/lírios ou mais flores?
- Fazer um pedido de argumentação: Como você sabe? Pode me mostrar ou explicar?

- Se eu ficar com as margaridas/lírios e você com as rosas, quem ficará com mais flores?
- Fazer outro pedido de argumentação: Como você sabe? Pode me mostrar ou explicar?
- Eu vou formar um grupo com todas as rosas e você com todas as flores. Quem ficará com o grupo maior?
- Fazer mais um pedido de argumentação: Como você sabe? Pode me mostrar ou explicar?

Argumentos utilizados

( ) Argumento de identidade
( ) Argumento de compensação
( ) Argumento de reversibilidade
( ) Nenhum

Avaliação

- Nível 1: ausência de quantificação inclusiva. O examinando não consegue comparar o número de elementos de uma classe com uma classe mais inclusiva em que está incluída. Responde, por exemplo, que há mais margaridas do que flores (5-6 anos).
- Nível 2: intermediário. Hesita ao responder algumas perguntas. Responde corretamente às perguntas de subtração de classes (5-6 anos até 7-8 anos).
- Nível 3: conservou. A criança é capaz de acertar todas as perguntas (7-8 anos).

Nível em que a criança se encontra

( ) Pré-operatório intuitivo global
( ) Pré-operatório intuitivo articulado
( ) Primeiro estágio do operatório concreto

Interseção de classes

Objetivo

Avaliar a capacidade de estabelecer que um conjunto de elementos pode pertencer simultaneamente a outros dois conjuntos.

Material

- 5 círculos vermelhos de aproximadamente 2,5 cm de diâmetro
- 5 círculos azuis de aproximadamente 2,5 cm de diâmetro
- 5 quadrados azuis de aproximadamente 2,5 cm de lado
- 1 folha de cartolina ou EVA com dois círculos em interseção

Procedimento

Colocar as fichas redondas vermelhas e as fichas quadradas azuis nas partes exteriores e as fichas redondas azuis na parte comum (interseção). Após observação do examinando, questionar sobre o posicionamento, a quantidade das fichas e a interseção.

Desenvolvimento

Figura 2.6 – Interseção de classes

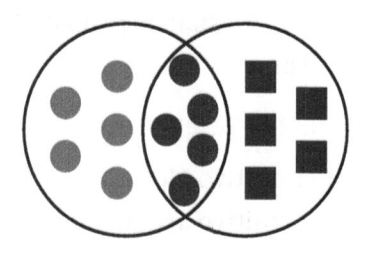

Apresentar o material ao examinando. Pedir a ele que observe a disposição e descreva as fichas apresentadas.

Depois disso, perguntar: "Há mais fichas vermelhas ou azuis? Há mais fichas quadradas ou redondas?".

Na sequência, fazer uma pergunta de interseção: "Existe mais, menos ou a mesma quantidade de fichas redondas e de fichas azuis? Há mais, menos ou a mesma quantidade de fichas quadradas e de fichas azuis? Por que você acha que as fichas redondas azuis estão no meio?".

Depois, elaborar uma pergunta suplementar: "Pode me dizer o que tem no círculo preto? E no círculo amarelo?".

Após cada pergunta, questionar o examinando: "Como você sabe? Pode me explicar ou me mostrar?".

Argumentos utilizados

( ) Argumento de identidade
( ) Argumento de compensação
( ) Argumento de reversibilidade
( ) Nenhum

Avaliação

- Nível 1: não conservador. O examinando não compreende as perguntas de inclusão e interseção e as perguntas suplementares. Responde corretamente às perguntas feitas sobre classes, cor e forma (4-5 anos).
- Nível 2: intermediário. Responde corretamente às perguntas de comparação de elementos da mesma classe, cor e forma. Acerta as perguntas suplementares. Hesita nas perguntas de inclusão e interseção (a partir de 6 anos).
- Nível 3: conservador. Responde corretamente a todas as perguntas (7-8 anos).

Nível em que a criança se encontra

( ) Pré-operatório intuitivo global
( ) Pré-operatório intuitivo articulado
( ) Primeiro estágio do operatório concreto

2.2.3
Provas de conservação

Conservação de pequenos conjuntos discretos e elementos

Objetivo

Avaliar a noção de número.

Material

- 10 fichas de uma cor com 2 cm de diâmetro
- 10 fichas de outra cor com 2 cm de diâmetro

Procedimento

Colocar as fichas em duas fileiras com a mesma quantidade (igualdade). Em seguida, apresentar ao examinando uma fileira de uma cor e pedir a ele que coloque a mesma quantidade de fichas de outra cor (correspondência termo a termo).

Fazer modificações espaciais com a finalidade de investigar se há conservação de quantidade de elementos.

Realizar contra-argumentações, pergunta de coticidade e retorno empírico antes da modificação seguinte.

Desenvolvimento

Figura 2.7 – Igualdade inicial e correspondência termo a termo

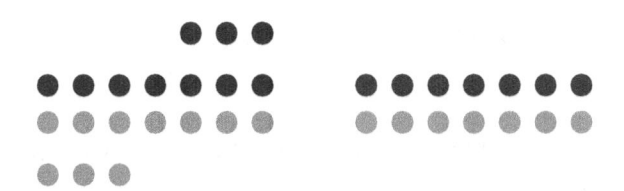

Figura 2.8 – Modificações espaciais das fichas (primeira, segunda e terceira)

Apresentar o material e perguntar à criança: "O que você pode me dizer sobre este material?".

Distribuir uma fileira de fichas de uma cor, deixando três fichas separadas. Entregar as fichas de outra cor para criança e pedir que forme outra fileira semelhante. Solicitar: "Você poderia formar uma fileira semelhante/parecida com esta que eu fiz usando as suas fichas?".

Em seguida, questionar a criança sobre a igualdade de quantidade de fichas: "Temos a mesma quantidade de fichas desta cor e da outra cor?".

Fazer um pedido de argumentação: "Como você sabe? Pode me explicar ou me mostrar?".

Certificar-se de que a criança percebe a igualdade para prosseguir a prova.

Arrumar as fichas termo a termo.

Primeira modificação

Distanciar as fichas azuis de modo que essa fileira fique aparentemente mais extensa que a fileira de fichas amarelas.

Perguntar ao entrevistado: "Nesta fileira (modificada), a quantidade de fichas é maior, menor ou igual à quantidade de fichas da outra fileira?".

Fazer um pedido de argumentação: "Como sabe? Poderia explicar?".

Contra-argumentação

Se o examinando for conservador, o entrevistador comenta sobre a diferença: "Mas esta fileira é mais larga, será que não tem mais fichas?".

Se não for conservador, lembrar sobre as duas fileiras iniciais: "Você se lembra das fileiras apresentadas inicialmente?". Questionar novamente sobre as quantidades: "No início, as fileiras tinham a mesma quantidade de fichas?".

Retorno empírico: colocar as fichas termo a termo.

Segunda modificação

Aproximar as fichas de uma fileira de modo que ela fique mais curta.

Perguntar ao entrevistado: "E agora, esta fileira (modificada) tem uma quantidade maior, menor ou igual de fichas que a outra fileira?".

Fazer um pedido de argumentação: "Como sabe? Poderia explicar?".

Contra-argumentação

Se o examinando for conservador, comentar sobre a diferença: "Outro dia, uma criança esteve aqui e me disse que esta fileira mais curta tinha menos fichas. Será que ela estava certa?".

Se não for conservador, fazer o seguinte comentário: "Uma criança esteve aqui e me disse que as duas fileiras têm a mesma quantidade de fichas. O que você acha: Ela estava certa ou não?".

Por fim, questionar: "E se deixarmos as fichas como estavam incialmente, teremos a mesma quantidade de fichas ou não?".

Retorno empírico: colocar as fichas termo a termo. Fazer a verificação de igualdade.

Pergunta de coticidade

Cobrir uma fileira de fichas com as mãos e perguntar: "Você sabe me dizer quantas fichas eu tenho debaixo das minhas mãos?". O examinando poderá contar as fichas descobertas.

Fazer um pedido de argumentação: "Como você sabe? Pode me explicar?".

Nesse caso, é importante que o entrevistado perceba que a quantidade de fichas na mesa é igual à quantidade coberta.

Terceira modificação

Colocar 7 fichas de uma cor em círculo e pedir à criança que coloque ao redor as outras fichas de outra cor. Perguntar se há mais ou menos fichas de uma cor do que de outra ou se as quantidades são iguais.

Fazer um pedido de argumentação: "Como você sabe? Pode me explicar?".

Contra-argumentação

Se for conservador/tiver êxito, perguntar: "Você não acha que do lado de dentro há menos fichas do que do lado de fora? Poderia me explicar?".

Se não for conservador/sem êxito: "Você não acha que há a mesma quantidade de fichas fora e dentro? Poderia me explicar?".

Registrar todas as respostas e argumentações.

Argumentos utilizados

( ) Argumento de identidade
( ) Argumento de compensação
( ) Argumento de reversibilidade
( ) Nenhum

Avaliação

- Nível 1: não conservador. Pode fazer contagem ou correspondência termo a termo ou qualquer disposição figural. As respostas não são conservativas. Pode resolver corretamente ou não as questões de quantidade (geralmente antes dos 5 anos).

- Nível 2: intermediário. Estabelece igualdade inicial e correspondência termo a termo; responde corretamente ao retorno empírico – ora conserva, ora não (5-6 anos).
- Nível 3: conservador. Utiliza argumentos (identidade, compensação e reversibilidade). Responde com acerto à coticidade e conserva as modificações (a partir dos 5 anos).

Nível em que a criança se encontra

( ) Pré-operatório intuitivo global
( ) Pré-operatório intuitivo articulado
( ) Primeiro estágio do operatório concreto

Conservação de matéria/massa

Objetivo

Avaliar a noção de conservação de quantidade de massa.

Material

Duas massas de modelar de cores diferentes com as quais se possam fazer bolas de aproximadamente 4 cm.

Procedimento

Construir duas bolas com a mesma quantidade de massa e modificar a forma de uma delas.

Fazer a verificação da noção de conservação, provocar contra-argumentações e fazer o retorno empírico. Em seguida, executar outras modificações.

Desenvolvimento

Figura 2.9 – Apresentação do material e igualdade inicial

Figura 2.10 – Modificações

Igualdade inicial

Perguntar à criança: "O que você pode dizer sobre este material?".

Pedir à criança que faça duas bolas com as massas de cores diferentes.

Em seguida, questionar sobre a igualdade de quantidade: "As bolas têm a mesma quantidade de massa, mais ou menos?".

Fazer um pedido de argumentação: "Como você sabe? Pode me explicar ou me mostrar?".

Certificar-se de que a criança percebe a igualdade para prosseguir a prova.

Primeira modificação

Deixar uma das bolas com formato de salsicha.

Questionar o examinando: "Existe a mesma quantidade de massa na bola e na salsicha?".

Fazer um pedido de argumentação: "Como você sabe? Pode me explicar ou me mostrar isto?".

Contra-argumentação

Se o examinando for conservador e confirmar a igualdade, comentar sobre a diferença: "Mas a salsicha é mais larga, será que não tem mais massa?".

Se não for conservador e não perceber a igualdade, lembrar sobre as duas bolas iniciais: "Você se lembra das massinhas no início da atividade? As duas bolas tinham a mesma quantidade de massinha?".

Por fim, questionar a criança: "Se eu fizer uma bola com esta salsicha, ela terá maior, menor ou igual quantidade de massa da outra bola?".

Retorno empírico: após a resposta, deixar as duas massas com formato de bolas, como na posição inicial.

Registrar todas as respostas e argumentações do avaliando.

Segunda e terceira modificações

Repetir o procedimento da primeira modificação, alterando os formatos.

Argumentos utilizados

( ) Argumento de identidade
( ) Argumento de compensação
( ) Argumento de reversibilidade
( ) Nenhum

Avaliação

- Nível 1: não conservador. Embora estabeleça igualdade inicial, não a conserva nas demais modificações; tem dificuldade para argumentar e contra-argumentar. Quanto ao retorno empírico, ora acerta, ora erra (5-6 anos).
- Nível 2: intermediário. Estabelece igualdade inicial e acerta no retorno empírico. Diante das modificações, os julgamentos alternam, indicando que as quantidades ora são iguais, ora diferentes. Há oscilação nas contra-argumentações (de 5 anos a 6-7 anos).
- Nível 3: conservador. Em todas as modificações, sempre percebe as quantidades como iguais. Consegue argumentar (identidade, compensação). Mantém o julgamento na contra-argumentação (a partir de 7 anos).

Nível em que a criança se encontra

( ) Pré-operatório intuitivo global
( ) Pré-operatório intuitivo articulado
( ) Primeiro estágio do operatório concreto

Conservação de superfície

Objetivo

Avaliar a noção de superfície.

Material

- 2 folhas de cartolina ou papel EVA verde (aproximadamente 20 × 25 cm) – campos 1 e 2
- De 12 a 16 quadrados do mesmo material das folhas, todos da mesma cor, mas de cor diferente da cor das folhas (aproximadamente 4 cm de lado) – casinhas
- 1 ou 2 vaquinhas de tamanhos iguais, de cores distintas

Procedimento

Apresentar dois campos idênticos (cartolinas ou EVA verdes) e casas idênticas (quadrados).

Dispor o mesmo número de casas em ambos os campos, porém em localizações diferentes. Contrassugestões devem ser utilizadas.

Desenvolvimento

Figura 2.11 – Apresentação dos materiais

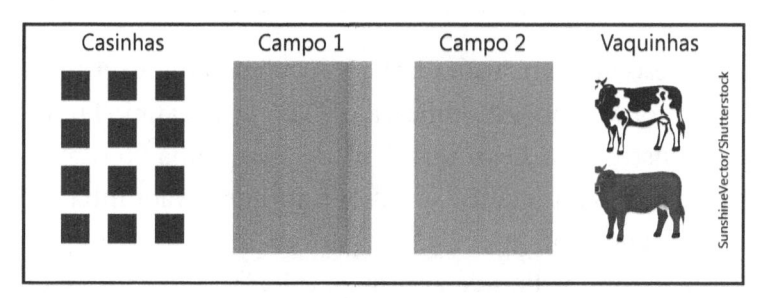

Casinhas	Campo 1	Campo 2	Vaquinhas

SunshineVector/Shutterstock

Apresentar as duas cartolinas. A igualdade deve ser observada pelo entrevistado. Perguntar: "Estas folhas têm o mesmo tamanho?".

Agora, apresentar os quadrados; a igualdade também deve ser observada. Perguntar: "Agora temos quadradinhos. O que você acha: Eles têm tamanhos iguais?".

Primeira situação

Apresentar a situação:

"Vamos imaginar que estas cartolinas verdes são campos e que estes quadradinhos são casas. Se eu colocasse uma vaquinha para comer todo o pasto do campo 1 e outra para comer todo o pasto do campo 2, as vaquinhas comeriam a mesma quantidade de pasto ou não?".

Segunda situação

Figura 2.12 – Campo 1 e campo 2

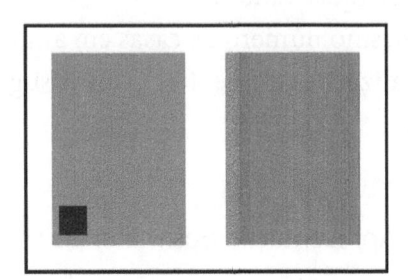

Acrescentar um quadradinho à cartolina verde. Comentar e questionar sobre a modificação: "O dono do campo 1 resolveu construir uma casinha. E agora, a vaquinha do campo 1 terá a mesma quantidade de pasto que a vaquinha do campo 2 ou não?".

Fazer um pedido de argumentação: "Como você sabe? Pode me explicar?".

Terceira situação

Figura 2.13 – Campo 1 e campo 2

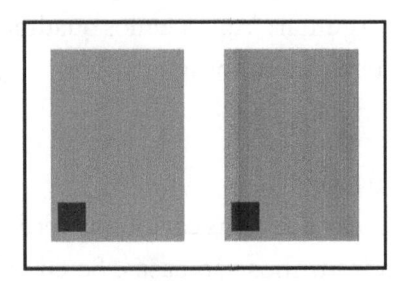

Colocar uma casinha no campo 2, na mesma localização da colocada no campo 1, e questionar: "E agora, o que você acha, a vaquinha do campo 2 terá maior, menor ou a mesma quantidade de pasto do que a vaquinha do campo 1?".

Fazer um pedido de argumentação: "Como você sabe? Pode me explicar?".

Quarta situação

Figura 2.14 – Campo 1 e campo 2

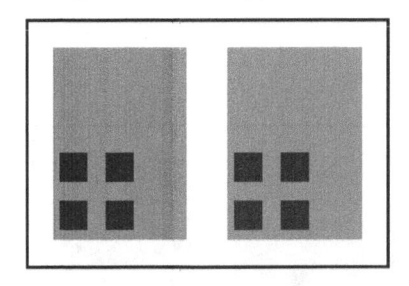

Colocar quatro casinhas agrupadas em cada campo, em localizações iguais. Perguntar: "Os donos dos terrenos resolveram construir mais casas. E agora, o que você acha? A vaquinha do campo 2 terá a mesma quantidade de pasto, menos ou mais pasto do que a vaquinha do campo 1?".

Fazer um pedido de argumentação: "Como você sabe? Pode me explicar?".

Quinta situação

Figura 2.15 – Campo 1 e campo 2

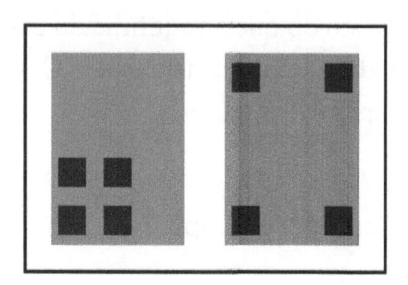

ou

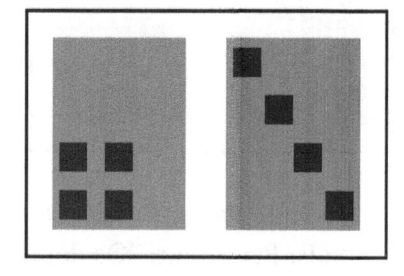

Colocar quatro casinhas em cada campo, modificando a disposição das casas no campo 2. Questionar: "E agora, o que você acha? A vaquinha do campo 2 terá a mesma quantidade de pasto, menos ou mais pasto do que a vaquinha do campo 1?".

Fazer um pedido de argumentação: "Como você sabe? Pode me explicar?".

Contra-argumentação, independentemente da resposta do entrevistado

Se o examinando for conservador, perguntar: "Será que no campo 2 a vaquinha não vai comer mais porque as casas estão separadas?".

Se não for conservador, comentar: "Em outra oportunidade, alguém me disse que havia a mesma quantidade de pasto. Será que essa pessoa estava certa ou errada? Quando as casas estavam juntas, você não me disse que tinha a mesma quantidade de pasto?".

No retorno empírico, perguntar: "Se o dono do campo colocar as casinhas como estavam antes, a quantidade de pasto será a mesma nos dois campos?".

Por fim, fazer outro ajuste: manter as quatro casas agrupadas no campo 1 e modificar as quatro casas do campo 2. Repetir as perguntas e realizar a contra-argumentação. É possível trabalhar com até 8 casas em cada campo.

Figura 2.16 – Campo 1 e campo 2

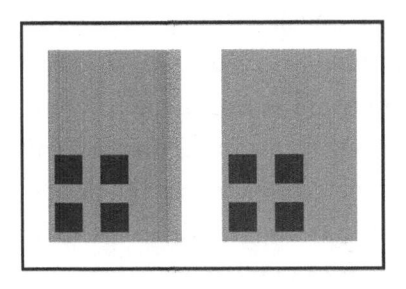

ou

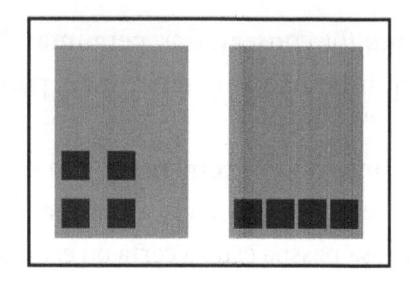

Argumentos utilizados

( ) Argumento de identidade
( ) Argumento de compensação
( ) Argumento de reversibilidade
( ) Nenhum

Avaliação

- Nível 1: não conservador. Estabelece igualdade inicial, porém não a conserva nas modificações seguintes, demonstrando dificuldades de compreensão das ideias propostas (5-6 anos).
- Nível 2: intermediário. Pode ou não responder bem; ora conserva, ora não. Em transformações mais simples, conserva; entretanto, em transformações mais complexas ou quando o número de elementos é maior (como oito agrupamentos em oito lugares diferentes), tem mais dificuldades na percepção (5-7 anos).
- Nível 3: conservador. Percebe que as superfícies livres são iguais e tem boa qualidade de argumentação (6-7 anos).

Nível em que a criança se encontra

( ) Pré-operatório intuitivo global
( ) Pré-operatório intuitivo articulado
( ) Primeiro estágio do operatório concreto

Conservação de quantidade de líquido

Objetivo

Avaliar a noção de conservação da quantidade de líquido.

Material

- 2 vasos de tamanhos iguais (aproximadamente 5 cm de diâmetro e 8 cm de altura) – vidros A1 e A2
- 1 vaso mais estreito e mais alto – vaso B
- 1 vaso mais largo e mais baixo – vaso C
- 4 vidros pequenos (aproximadamente ¼ do tamanho dos vidros A1 e A2) – vidros D1, D2, D3 e D4

Procedimento

Apresentar a mesma quantidade de líquido nos recipientes de tamanhos iguais.

Em seguida, mudar o recipiente, apresentando um com outra forma, mas com a mesma quantidade de líquido.

Fazer a verificação da noção de conservação de líquido, as contra-argumentações e o retorno empírico.

Depois, executar outras modificações.

Desenvolvimento

Figura 2.17 – Modificações

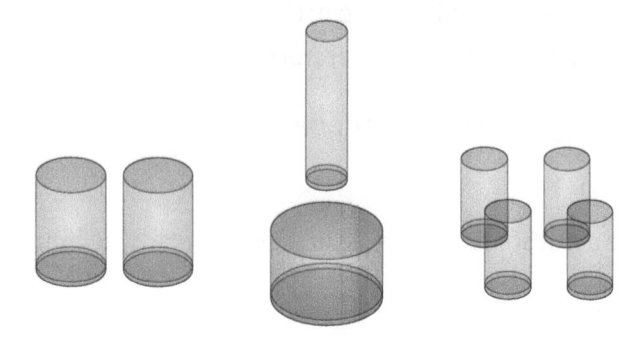

Figura 2.18 – Igualdade inicial

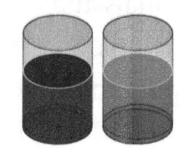

Figura 2.19 – Modificações

Apresentar todos os materiais e, depois, os vidros de tamanhos iguais.

Verificar se a criança percebe a igualdade dos recipientes: "Estes vidros têm o mesmo tamanho?".

Em seguida, diante da criança ou com o auxílio dela, colocar quantidades iguais de líquido nos vidros. Confirmar com a criança a igualdade: "Temos a mesma quantidade de líquido nos dois vidros? Se eu beber o líquido deste vaso (A1) e você do outro (A2), beberemos a mesma quantidade de líquido?".
Após a confirmação de igualdade, fazer as modificações.

Primeira modificação

Passar o líquido do vaso A2 para o vaso B.

Ao comparar o vaso A1 com B, perguntar: "Será que temos neste vaso (mostrar B) menos ou mais líquido ou a mesma quantidade do que neste outro (mostrar A1)?

Fazer um pedido de argumentação: "Como você sabe? Pode me explicar?".

Contra-argumentação

Se o examinando for conservador, confirmando a igualdade, comentar sobre a diferença: "Mas o vaso B é mais alto, será que não tem mais líquido?".

Se não for conservador, não percebendo a igualdade, lembrar a criança sobre os dois vasos iniciais: "Você se lembra dos vasinhos no início da atividade? Tinham a mesma quantidade de líquido? E se eu colocar o líquido do vaso B no vaso A2, este terá a mesma quantidade do vaso A1?".

Realizar o retorno empírico antes da próxima modificação.

Segunda e terceira modificações

Executar as mesmas etapas da primeira modificação, adaptando as perguntas de acordo com os formatos de vasos utilizados.

Registrar todas as respostas e argumentações do avaliando.

Argumentos utilizados

( ) Argumento de identidade
( ) Argumento de compensação
( ) Argumento de reversibilidade
( ) Nenhum

Avaliação

- Nível 1: não conservador. O líquido transvasado é considerado com maior ou menor quantidade de acordo com mudança de vaso ("Tem mais líquido porque o vaso é mais alto" ou "tem menos porque é mais baixo"). Na contra-argumentação, mantém a resposta (5-6 anos).
- Nível 2: intermediário. Existem oscilações entre conservação e não conservação; ora argumenta corretamente, ora não. Nas contra-argumentações, há alternância de julgamento, e as justificativas não são muito claras. O retorno empírico é correto (5-7 anos).
- Nível 3: conservador. Em todas as modificações de transvasamento, as quantidades de líquido são consideradas iguais. As respostas são bem justificadas com argumentos de identidade, reversibilidade e compensação (a partir de 7 anos).

Nível em que a criança se encontra

( ) Pré-operatório intuitivo global
( ) Pré-operatório intuitivo articulado
( ) Primeiro subestágio do operatório concreto

Conservação de comprimento

Objetivo
Avaliar a noção de comprimento.

Material
2 fios flexíveis de comprimentos diferentes (de 10 a 15 cm).

Procedimento
Apresentar os fios paralelamente sobre a mesa. A verificação de desigualdade deve ser percebida pelo avaliando.
Fazer a modificação. Em seguida, verificar a noção de conservação e fazer as contra-argumentações e o retorno empírico.
Depois, executar outras modificações.

Desenvolvimento

Figura 2.20 – Apresentação inicial

Figura 2.21 – Modificações

Apresentar o material e perguntar o que o examinando pode dizer sobre ele: "O primeiro fio é mais comprido do que o segundo ou eles têm o mesmo comprimento? Se fossem duas estradas, em qual delas você teria de andar mais?".

Primeira modificação

Ondular o fio maior para que os extremos coincidam e perguntar: "E agora, o comprimento da estrada é o mesmo ou não?".

Fazer um pedido de argumentação. Se o entrevistado responder que é diferente (conservador) ou que é igual (não conservador), questionar: "Como você sabe?".

Contra-argumentação

Se o examinando foi conservador, mostrar a coincidência dos extremos de ambos os fios: "Veja bem: Os caminhos iniciam e terminam juntos? Os comprimentos são iguais ou diferentes?".

Se não foi conservador, comentar: "Você lembra que no início um dos fios era maior do que o outro? Se eu deixá-los esticados, eles terão comprimentos iguais ou diferentes? Lembra-se de que uma estrada era maior do que a outra?".

Realizar o retorno empírico: mostrar os dois fios esticados, para que seja visível a diferença entre os dois e para facilitar essa constatação por parte da criança.

Segunda modificação

Ondular o fio maior de forma que apenas um dos extremos coincida. Perguntar: "E agora, os fios têm o mesmo comprimento ou não? O comprimento da estrada é o mesmo ou não?".

Fazer um pedido de argumentação: "Como você sabe?".

O entrevistado é conservador se responder que um dos fios, mesmo encolhido, é maior.

O entrevistado é não conservador se responder que o fio esticado é maior do que o outro.

Contra-argumentação

Se o examinando foi conservador, questionar: "Veja bem: os caminhos se iniciam juntos, mas o ondulado é menor?". A criança deve demonstrar que percebe que o ondulado é maior.

Se não foi conservador, perguntar: "Você lembra que no início um dos fios era maior do que o outro? Se eu deixá-los esticados, eles terão comprimentos iguais ou diferentes? Lembra-se de que, no início da atividade, uma estrada era maior do que a outra?".

Realizar o retorno empírico: mostrar os dois fios esticados, para que seja visível a diferença entre os dois e para facilitar essa constatação por parte da criança.

Argumentos utilizados

( ) Argumento de identidade
( ) Argumento de compensação
( ) Argumento de reversibilidade
( ) Nenhum

Avaliação

- Nível 1: não conservador. Em cada modificação apresentada, não conserva o comprimento. Na primeira transformação, julga que os comprimentos são iguais; na segunda transformação, acredita que o fio ondulado seja menor (6-7 anos).
- Nível 2: intermediário. As respostas são instáveis, ora acerta, ora não. Oscila nas contra-argumentações e as justificativas não são adequadas (de 6-7 anos a 8 anos).

- Nível 3: conservador. A criança é capaz de conservar as modificações e se utiliza de argumentos (identidade, compensação ou reversibilidade). Mantém seu julgamento na contra-argumentação (7-8 anos).

Nível em que a criança se encontra

( ) Pré-operatório intuitivo global
( ) Pré-operatório intuitivo articulado
( ) Primeiro estágio do operatório concreto

Conservação de peso

Objetivo

Avaliar a noção de conservação de peso.

Material

- 1 balança com 2 pratos
- 2 bolas de massa de modelar de cores diferentes com aproximadamente 4 cm de diâmetro

Procedimento

Pesar as bolas de formatos iguais para confirmar a igualdade inicial.

Em seguida, realizar modificações na forma de uma das massas. Verificar com o entrevistado a conservação de peso após as modificações de forma. Usar a balança para isso.

Observar as argumentações. Realizar contra-argumentação e fazer os registros.

Desenvolvimento

Figura 2.22 – Apresentação do material (igualdade de massas) e balança

Figura 2.23 – Modificações

Apresentar as massas e a balança para o entrevistado. Explicar como funciona a balança, ou seja, se os pesos forem iguais, os pratinhos ficarão na mesma altura. Quando um pratinho fica mais baixo, o conteúdo pesa mais; quando fica mais alto, pesa menos.

Perguntar: "Você acha que as massas têm o mesmo peso ou não?". Pedir para o entrevistado colocar as massas na balança para comprovar.

Após a confirmação da igualdade, pedir para o entrevistado escolher uma das massas (que sofrerá modificações).

Primeira modificação

Pegar a massa escolhida pelo entrevistado e deixá-la com formato de salsicha. Perguntar: "O peso da bola e o da salsicha são os mesmos ou são diferentes?".

Fazer um pedido de argumentação independentemente da resposta: "Como você sabe? Pode me explicar?".

Realizar a contra-argumentação com o oposto à resposta.

Se o examinando for conservador, perguntar: "Em outra ocasião, alguém me disse que a salsicha é mais comprida e pesa mais. O que você acha?".

Se não for conservador, questionar: "Você lembra que no início me disse que as duas massas tinham o mesmo peso? O que acha agora?".

Se for necessário, pedir para o entrevistado pesar a bola e a salsicha.

Depois, perguntar: "Se eu transformar novamente a salsicha em bola, teremos o mesmo peso ou teremos pesos diferentes?".

Retorno empírico: registrar as argumentações e as contra-argumentações.

Segunda e terceira modificações

Repetir o procedimento anterior, alterando os formatos de uma das massas para achatada (segunda modificação) e dividida em quatro bolinhas (terceira modificação).

Refazer as etapas do teste com o examinando.

Argumentos utilizados

( ) Argumento de identidade
( ) Argumento de compensação
( ) Argumento de reversibilidade
( ) Nenhum

Avaliação

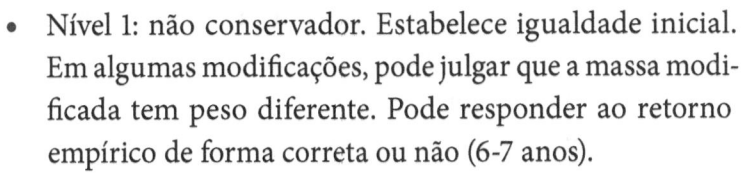

- Nível 1: não conservador. Estabelece igualdade inicial. Em algumas modificações, pode julgar que a massa modificada tem peso diferente. Pode responder ao retorno empírico de forma correta ou não (6-7 anos).
- Nível 2: intermediário. Estabelece igualdade inicial; ora a conserva, ora não. Responde corretamente ao retorno empírico (8-9 anos).
- Nível 3: conservador em todas as modificações. Argumenta adequadamente e é conservador nas contra-argumentações (a partir de 8-9 anos).

Nível em que a criança se encontra

( ) Pré-operatório intuitivo articulado
( ) Primeiro subestágio do operatório concreto
( ) Segundo subestágio do operatório concreto

Conservação de volume

Objetivo

Avaliar a capacidade de conservação de volume.

Material

- 2 vasos transparentes de tamanhos iguais
- 2 massas de modelar de cores diferentes
- 2 elásticos
- 2 vasos com líquidos de cores diferentes

Procedimento

Colocar nos vasos iguais a mesma quantidade de água e envolvê-los com o elástico para marcar o nível da água.

Formar bolas do mesmo tamanho com a massa de modelar.

Jogar uma bola em casa vaso e verificar se o examinando percebe que o nível da água sobe e que em ambos os vasos acontecerá a mesma coisa.

Após o entrevistado perceber a igualdade, fazer modificações no formato de uma das massas (salsicha, achatada e dividida em quatro bolinhas) e realizar perguntas sobre o nível da água.

Observar a capacidade de conservação de volume e fazer registros das argumentações.

Realizar contra-argumentações e retorno empírico.

Desenvolvimento

Figura 2.24 – Apresentação inicial (igualdade)

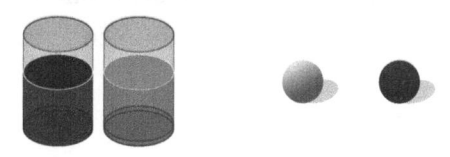

Figura 2.25 – Modificações

Apresentar o material para o entrevistado. Em seguida, perguntar se os vasos são iguais, assim como as bolas de massinha: "O que acha destes vasinhos? Eles têm os mesmos tamanhos ou não? E quanto às bolas de massinha, são de tamanhos iguais ou não?".

Assim que o examinando confirmar a igualdade, colocar líquidos de cores diferentes nos dois vasinhos de forma que fiquem no mesmo nível. Confirmar com o entrevistado se os níveis são iguais: "Ao olhar para estes vasinhos, o que você percebe? A quantidade de água é a mesma?".

Com a igualdade confirmada, usar o elástico para marcar o nível de água nos dois vasos.

Perguntar: "Se colocarmos a bola no vaso 1, o que acha que acontecerá? A água subirá, descerá ou ficará no mesmo nível?".

Depois questionar: "E agora, se colocarmos a outra bola no vaso 2, o nível da água vai subir igual ao do vaso 1, descerá ou ficará no mesmo nível?".

Primeira modificação

Pegar a bola do vaso 2 e transformá-la em salsicha: "Se colocarmos a salsicha no vaso 2, o nível da água subirá igual ao da bola do vaso 1, descerá ou ficará no mesmo nível? Como você sabe? Pode me explicar?".

Contra-argumentação

Se o examinando for conservador, perguntar: "Mas será que a massinha mais fina não faz o líquido subir menos?".

Se não for conservador, colocar a salsicha dentro do vasinho para o entrevistado comparar.

Perguntar: "Lembra-se do início? As massas não tinham a mesma quantidade? Se deixarmos as duas massas em formato de bolas, o nível da água será o mesmo?".

Retorno empírico: registrar as argumentações e as contra-argumentações.

Segunda e terceira modificações

Repetir o procedimento anterior alterando os formatos de uma das massas para achatada (segunda modificação) e dividida em quatro bolinhas (terceira modificação).
Refazer as etapas seguintes do teste com o examinando.

Argumentos utilizados

( ) Argumento de identidade
( ) Argumento de compensação
( ) Argumento de reversibilidade
( ) Nenhum

Avaliação

- Nível 1: não conservador. Compreende a igualdade inicial, porém acredita que a mudança de forma pode alterar o nível da água. Pode acertar ou não o retorno empírico (8-9 anos).
- Nível 2: intermediário. Estabelece a igualdade inicial, porém oscila durante as modificações e as contra-argumentações. Responde com acerto ao retorno empírico (9-10 anos).
- Nível 3: conservador. Responde corretamente a todas as modificações e contra-argumentações. Utiliza adequadamente as argumentações (identidade, reversibilidade e conservação) (a partir de 11-12 anos).

Nível em que a criança se encontra

( ) Primeiro subestágio do operatório concreto
( ) Segundo subestágio do operatório concreto
( ) Primeiro subestágio do operatório formal

2.2.4
Provas de espaço: espaço unidimensional, espaço bidimensional, espaço tridimensional

Espaço unidimensional

Objetivo
Avaliar a capacidade de mensuração de uma dimensão.

Material
- 8 cubos de aproximadamente 6 cm de lado
- 16 cubos de aproximadamente 3 cm de lado
- 1 base de 5 cm de altura
- Varetas
- Tiras de papel
- 1 anteparo

Procedimento
Com base em uma torre construída pelo examinador, avaliar a capacidade do entrevistado de montar uma torre com a mesma altura.

Fornecer varetas e tiras de papel para comparar a medida das torres.

Desenvolvimento

Figura 2.26 – Apresentação inicial

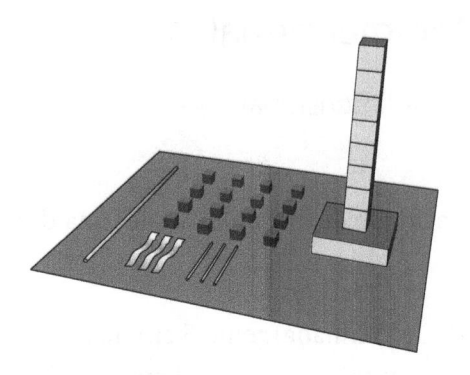

Apresentar os materiais para o entrevistado.

Construir uma torre e pedir que o examinando monte outra torre da mesma altura. Orientar: "Gostaria que observasse a minha torre e fizesse outra da mesma altura. Você pode utilizar qualquer material que se encontra sobre a mesa".

O entrevistado pode realizar a tarefa quantas vezes forem necessárias, caso não haja acerto.

Se houver acerto, o examinador deve questionar sobre o procedimento utilizado: "Sua torre tem a mesma altura que a minha? Como você sabe?".

Em seguida, desfazer a torre do entrevistado e pedir que realize novamente a tarefa sem utilizar a vareta. Agora, a torre do examinador deve ter um cubo a menos: "Você pode fazer a torre sem utilizar a vareta?".

Se houver acerto, o examinador deve questionar, novamente, sobre o procedimento utilizado: "Sua torre tem a mesma altura que a minha? Como você sabe?".

Observar e registrar as estratégias utilizadas e as falas do entrevistado durante a realização da tarefa.

Argumentos utilizados

( ) Argumento de identidade
( ) Argumento de compensação
( ) Argumento de reversibilidade
( ) Nenhum

Avaliação

- Nível 1: constrói a torre, porém sem correspondência com a altura da outra torre. A comparação é exclusivamente visual (4 anos- 4 anos e 6 meses).
- Nível 2: constrói a torre por transferência visual, que é associada à transferência manual; utiliza mãos, punhos, braços. Não usa os materiais de apoio (varetas, tiras de papel etc.) (4 anos e 6 meses-7 anos).
- Nível 3: monta a torre utilizando suporte de um terceiro elemento (vareta). Baseia-se no princípio lógico da lei da transitividade (se A = B e B = C, então A = C). Com aproximadamente 8 anos, pode utilizar elementos menores (tiras de papel) como suporte para medida (geralmente aos 7 anos).

Nível em que a criança se encontra

( ) Pré-operatório intuitivo global
( ) Pré-operatório intuitivo articulado
( ) Primeiro estágio do operatório concreto

Espaço bidimensional

Objetivo

Avaliar a capacidade de mensuração em função de duas dimensões.

Material

- Folhas brancas
- 1 lápis preto
- 2 tiras de papel com aproximadamente 10 cm de largura
- 1 borracha
- 1 régua de 20 cm
- 1 varinha de aproximadamente 10 cm de largura
- 1 pedaço de corrente ou barbante

Procedimento

Desenhar um ponto em uma folha branca.

Com base nesse ponto, o entrevistado deve colocar, em outra folha, um ponto na mesma localização da folha apresentada pelo examinador. Como suporte, pode utilizar os materiais apresentados (régua, tiras de papel, varinha etc.).

Desenvolvimento

Figura 2.27 – Apresentação inicial

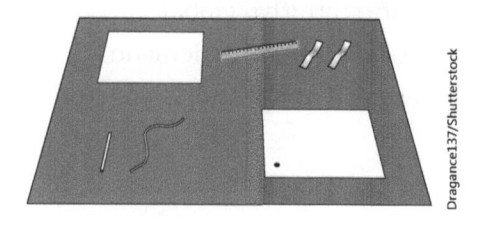

Apresentar os materiais.
Em seguida, mostrar uma folha com a marcação de um ponto. Solicitar: "Gostaria que você marcasse em outra folha um ponto como este. Você poderá utilizar qualquer material que está sobre a mesa. Quando colocarmos uma folha sobre a outra, o ponto deve estar no mesmo lugar".

O entrevistado pode realizar a tarefa quantas vezes forem necessárias, caso não haja acerto. Pode tentar novamente utilizando outra folha.

Não há necessidade de repetir a tarefa se o ponto não estiver exatamente no mesmo lugar, desde que o entrevistado utilize pelo menos duas dimensões.

Se houver acerto, o examinador deve questionar sobre o procedimento utilizado: "Por que resolveu medir assim? Seria possível utilizar apenas uma medida para encontrar a localização correta do ponto?".

Observar e registrar as estratégias, os materiais e os relatos do entrevistado durante a realização da tarefa.

Argumentos utilizados

( ) Argumento de identidade
( ) Argumento de compensação
( ) Argumento de reversibilidade
( ) Nenhum

Avaliação

- Nível 1: desenha o ponto aleatoriamente segundo a percepção visual; não utiliza nenhum elemento material para medida. Pode confundir a posição do ponto (4-4 anos e meio).

- Nível 2: utiliza apenas uma dimensão (horizontal, vertical ou diagonal) para desenhar o ponto. Pode confundir a localização.
- Nível 3a: realiza uma medida oblíqua; já percebe a importância do ângulo desenhado, entretanto ainda não consegue coordenar largura e comprimento.
- Nível 3b: tem êxito no uso de duas dimensões. Responde adequadamente às perguntas, indicando estrutura de pensamento de forma organizada (geralmente a partir de 9 anos).

Nível em que a criança se encontra

( ) Pré-operatório intuitivo global
( ) Pré-operatório intuitivo articulado
( ) Primeiro subestágio do operatório concreto
( ) Segundo subestágio do operatório concreto

Espaço tridimensional

Objetivo

Avaliar a capacidade de mensuração de três dimensões.

Material

- 2 caixas iguais com aproximadamente 25 × 20 cm de base por 15 cm de altura
- 2 bolinhas de isopor
- Tachinhas ou percevejos
- 3 tiras de cartolina de tamanhos diferentes
- 1 régua milimetrada
- 1 lápis
- 2 arames ou 2 varetas

Procedimento

Fixar um arame na base na caixa e encaixar uma bolinha de isopor a 10 cm de altura da base.

Solicitar ao entrevistado que coloque a bolinha de isopor na outra caixa em altura e local correspondentes à caixa do examinador. O examinando pode utilizar os materiais apresentados sobre a mesa.

Desenvolvimento

Figura 2.28 – Apresentação inicial

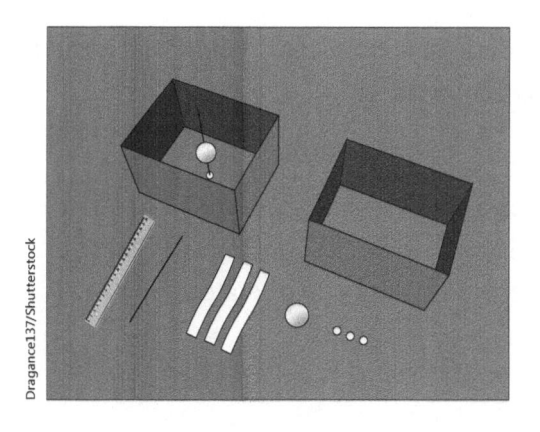

Apresentar os materiais.

Mostrar a caixa feita pelo examinador. Comentar: "Observe que nesta caixa há um arame com uma bolinha. Gostaria que você colocasse na outra caixa uma bolinha da mesma forma e na mesma posição. Você poderá utilizar os materiais que estão sobre a mesa".

Observar as estratégias utilizadas pelo entrevistado. Registrar os passos e os relatos durante a execução.

Argumentos utilizados

( ) Argumento de identidade
( ) Argumento de compensação
( ) Argumento de reversibilidade
( ) Nenhum

Avaliação

- Nível 1: utiliza apenas a percepção visual.
- Nível 2: utiliza apenas uma medida sem precisão.
- Nível 3a: após várias tentativas, pode utilizar as três dimensões.
- Nível 3b: atinge a tridimensionalidade, utilizando os argumentos apropriados.

Nível em que a criança se encontra

( ) Primeiro subestágio do operatório concreto
( ) Segundo subestágio do operatório concreto
( ) Primeiro subestágio do operatório formal

2.2.5
Provas operatórias do pensamento formal: combinação de fichas, permutação de fichas, predição

Combinação de fichas

Objetivo

Avaliar a noção de capacidade combinatória.

Material

- 6 fichas de cores diferentes com aproximadamente 2,5 cm de diâmetro

Procedimento

Apresentar as fichas.

Pedir que o examinando faça a maior quantidade de combinações possíveis de duplas de fichas.

Observar e registrar o método de trabalho.

Máximo de combinações: 30 pares.

Desenvolvimento

Figura 2.29 – Apresentação inicial

● ● ● ● ● ●

Apresentar o material e pedir ao entrevistado que realize duplas de fichas: "Você poderia fazer pares com as fichas apresentadas? Tente fazer o maior numero de combinações que conseguir, sem repetir".

Verificar se a tarefa foi compreendida. Se for necessário, demonstrar a formação de um par.

Observar e registrar como o entrevistado realizou a prova e suas falas durante o processo.

Avaliação

- Nível 1: ausência de combinação de fichas. O entrevistado não é capaz de demonstrar as diversas possibilidades de combinações e faz tentativas aleatórias sem sucesso.

- Nível 2: forma muitas duplas sem ordem estabelecida; as combinações são incompletas. Não prevê a possibilidade total de combinações.
- Nível 3: consegue antecipar a possibilidade combinatória de forma metódica; demonstra um critério para estabelecer as combinações, formando 30 pares (a partir de 12 anos).

Nível em que a criança se encontra

( ) Primeiro subestágio do operatório concreto
( ) Segundo subestágio do operatório concreto
( ) Primeiro subestágio do operatório formal

Permutação de fichas

Objetivo

Avaliar a capacidade de fazer permutação de fichas.

Material

- 4 fichas redondas de cores diferentes com 2,5 cm de diâmetro

Procedimento

Apresentar as fichas.
    Solicitar que o entrevistado realize a permutação de fichas.
    Observar e registrar o raciocínio utilizado para realização da tarefa.

Desenvolvimento

Figura 2.30 – Apresentação inicial

Apresentar as fichas ao entrevistado.

Solicitar que realize o maior número de permutações que conseguir: "Gostaria que você realizasse o maior número de combinações que conseguir com as quatro fichas".

Verificar se a tarefa foi compreendida. Se for necessário, demonstrar a formação de um par.

Observar e registrar o raciocínio utilizado pelo entrevistado.

Avaliação do pensamento formal – a partir de 12 anos

- Nível 1: ausência da capacidade de permuta. Faz tentativas aleatórias, porém não percebe as possibilidades.
- Nível 2: realiza permutas incompletas. Embora consiga várias permutações, não apresenta método para realizar a tarefa e não guarda as combinações realizadas.
- Nível 3: realiza as permutações de forma organizada e metódica, antecipando as possibilidades.

Nível em que a criança se encontra

( ) Primeiro subestágio do operatório concreto
( ) Segundo subestágio do operatório concreto
( ) Primeiro subestágio do operatório formal

Predição

Objetivo

Avaliar a capacidade de prever situações.

Material

- Fichas com aproximadamente 2,5 cm de diâmetro nas seguintes quantidades e cores: 17 fichas verdes, 10 fichas amarelas, 6 fichas alaranjadas, 1 ficha vermelha
- 1 sacolinha ou saco de pano

Procedimento

Apresentar as fichas e colocá-las dentro da sacolinha ou do saco de pano.

Pedir que retire uma ficha sem olhar e perguntar qual seria a possibilidade de cor da ficha.

Observar a resposta e a argumentação do entrevistado.

Desenvolvimento

Figura 2.31 – Apresentação inicial

Colocar as fichas sobre a mesa para que o examinando as observe por algum tempo.

Colocar as fichas na sacolinha ou no saco de pano e pedir que retire uma ficha sem olhar. Solicitar: "Você poderia retirar uma ficha da sacolinha?".

Assim que colocar a mão dentro da sacolinha/saco de pano, perguntar se ele pode prever a cor da ficha: "Você poderia me dizer qual seria a cor da ficha? Por qual motivo você acha que ela é dessa cor?".

Colocar a ficha de volta na sacolinha/saco de pano e repetir o procedimento mais quatro ou cinco vezes.

Argumentos utilizados

Registrar os argumentos utilizados para justificar a previsão.

Avaliação do pensamento formal – a partir de 12 anos

- Nível 1: não consegue prever. Mesmo sabendo que tem mais fichas verdes, não consegue prever a probabilidade de sair essa cor. Indica qualquer cor sem critério justificável.
- Nível 2: faz justificativas incompletas. Oscila na previsão.
- Nível 3: consegue prever, justificando a possibilidade de pegar a ficha verde pelo fato de ser essa a cor em maior quantidade.

Nível em que a criança se encontra

( ) Primeiro subestágio do operatório concreto
( ) Segundo subestágio do operatório concreto
( ) Primeiro subestágio do operatório formal

Síntese

Este capítulo apresentou o recurso das provas operatórias piagetianas, instrumento capaz de investigar o nível de desenvolvimento cognitivo da criança. Para aplicação das provas, precisamos antes conhecer os níveis operatórios segundo Piaget.

Nas provas operatórias relatadas, especificamos os objetivos, os materiais empregados, os procedimentos, o desenvolvimento do teste, a avaliação que cada teste requer e o nível de desenvolvimento avaliado.

Atividades de autoavaliação

1. De acordo com estudos de Piaget, os estágios cognitivos são:
   a) fase motora reflexiva, fase motora rudimentar, fase motora fundamental, fase motora especializada.
   b) período sensório-motor, período das operações concretas e período operatório formal.
   c) infância, adolescência, fase adulta.
   d) estágio oral, estágio anal, estágio fálico, latência, estágio genital.
   e) estágio sensório-motor, estágio oral, estágio das operações concretas, fase especializada.

2. As provas operatórias piagetianas partem de um método clínico de conversação livre sobre um tema dirigido pelo interrogador e, conforme a resposta apresentada, busca-se uma justificativa sobre o que a criança está dizendo. Marque a alternativa que contém estratégias que o examinador pode adotar durante a investigação.
   a) Temática, dinâmica e produto.
   b) Análise do relato do desenho.
   c) Estabelecimento da igualdade inicial; capacidade de argumentação e contra-argumentação e retorno empírico.
   d) Aplicação de testes, análise e resultado.
   e) Questionário.

3. De acordo com Visca (1997, p. 11), a aplicação das provas operatórias tem como objetivo determinar o nível de pensamento do sujeito por meio de uma análise quantitativa, além de reconhecer as diferenças funcionais com um estudo predominantemente qualitativo. Quais são as provas aplicadas nessa técnica?
   a) Provas de conservação, de classificação, de seriação, de espaço, de pensamento formal.
   b) Desenho da pessoa, de uma casa e de uma árvore.
   c) Representação da família, da escola e do indivíduo avaliado.
   d) Caixa de areia e miniaturas.
   e) Testes padronizados.

4. Conforme Visca (1997), os níveis avaliados de acordo com o domínio alcançado nas provas operatórias são:
   a) níveis pré-silábico, silábico alfabético e alfabético.
   b) coerência, incoerência parcial e total incoerência.
   c) abaixo da média, na média e na média superior.
   d) vínculo positivo e vínculo negativo.
   e) não conservador, intermediário e conservador.

5. O registro dos procedimentos deve ser detalhado, demonstrando, além das respostas e das argumentações da criança, atitudes, soluções, formas de organização, inseguranças e inquietações durante a aplicação das provas. Nas provas operatórias, quais os tipos de argumentações observados?
   a) Argumento de identidade, argumento de causa, argumento de fuga.
   b) Argumento de autoridade, princípios, analogia.

c) Argumento de identidade, argumento de reversibilidade, argumento de compensação.
d) Argumento de autoridade, argumento de provas concretas, argumento de exemplificação.
e) Argumento de identificação, argumento de princípios, argumento de compensação.

Atividades de aprendizagem

Questões para reflexão

1. Segundo Piaget, a aplicação e a análise dos resultados das provas operatórias requerem aprofundamento teórico sobre os estágios do desenvolvimento da criança e do adolescente. Quais são esses estágios?

2. Faça uma reflexão acerca dos pontos fundamentais que devem observados para uma análise adequada das provas operatórias.

Atividade aplicada: prática

1. Realize a aplicação das provas operatórias em uma criança em idade escolar e analise os resultados conforme os critérios que vimos para aplicação e correção.

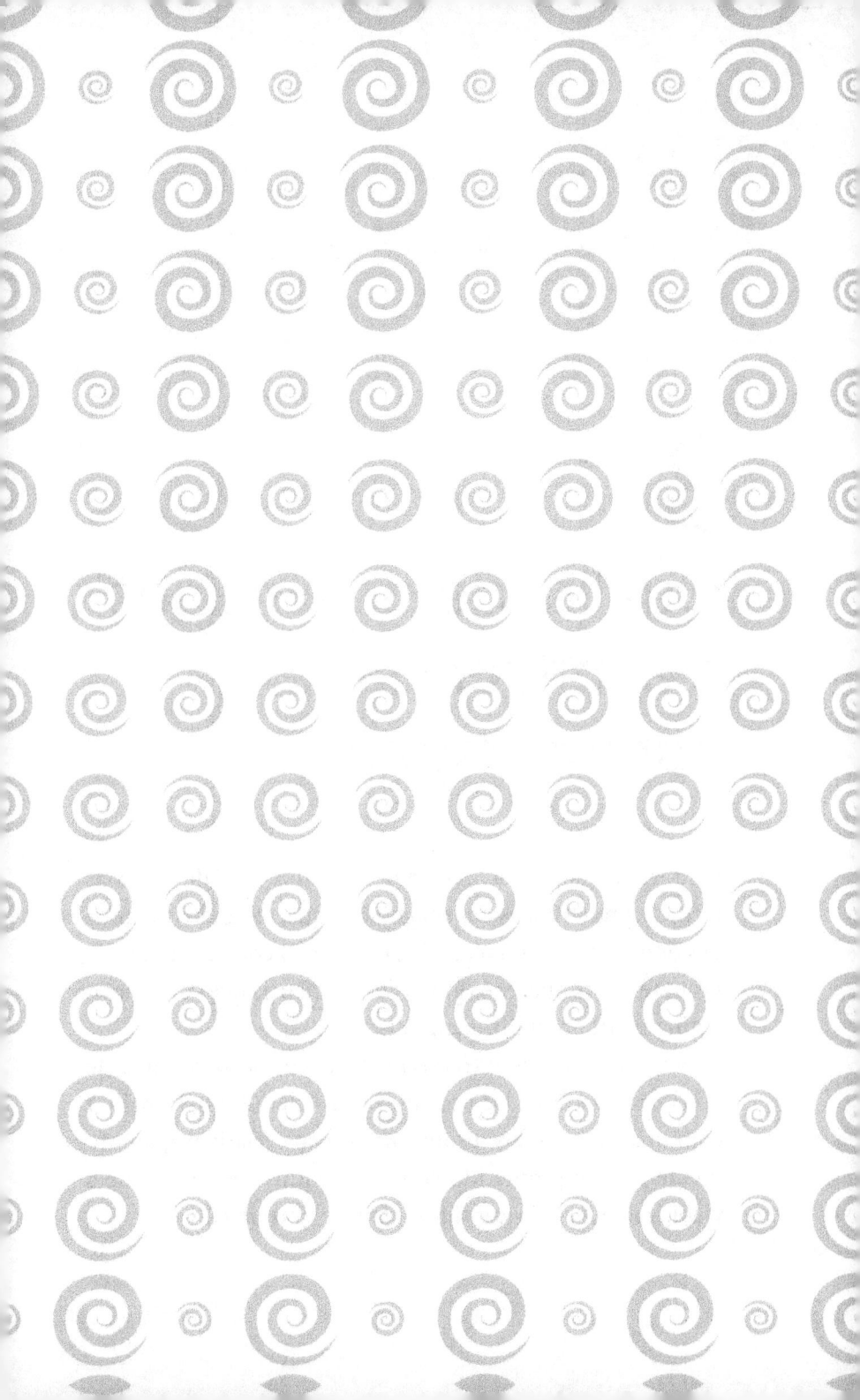

3
Qualidade de vínculos e a influência na aprendizagem

Para investigarmos a análise de vínculos, abordaremos as técnicas projetivas psicopedagógicas, que, segundo três grandes domínios – 1) escolar, 2) familiar e 3) consigo mesmo –, permitem reconhecer os graus de consciência que constituem o vínculo de aprendizagem (Visca, 2009).

Para isso, também trataremos da utilização de caixa de areia e miniaturas. De acordo com Küster (2012), trabalhar com material lúdico é propor um espaço criativo, aparentemente descomprometido com a aprendizagem, mas que a viabiliza de forma rica, significativa e prazerosa.

3.1
Provas projetivas psicopedagógicas

Por meio das técnicas projetivas psicopedagógicas, podemos investigar, com o uso de desenhos ou relatos, a rede de vínculos estabelecidos nos domínios escolar, familiar e consigo mesmo. Além disso, é possível reconhecermos, em cada um deles, três níveis quanto ao grau de consciência – 1) inconsciente, 2) pré-consciente e 3) consciente –, que, em diferentes aspectos, constituem o vínculo de aprendizagem (Visca, 2009).

Vejamos os tipos de vínculos segundo Visca (2009, p. 22):

Vínculo escolar:

- Par educativo: Vínculo que a criança estabelece com a aprendizagem – 6/7 anos
- Eu com meus companheiros: Vínculo com colegas na sala de aula – 7/8 anos
- Planta da sala de aula: Representação geográfica da sala de aula e as localizações reais e desejadas – 8/9 anos

Vínculo familiar:

- A planta da minha casa: Representação geográfica do lugar em que mora e as localizações reais – 8/9 anos
- Os quatro momentos do dia: Os vínculos ao longo de um dia – 6/7 anos
- Família educativa: O vínculo de aprendizagem com o grupo familiar e com cada um dos integrantes – 6/7 anos

Vínculo consigo mesmo:

- Desenho em episódios: Delimitação da continuidade da identidade psíquica em função da quantidade de afetos – 4 anos
- O dia do meu aniversário: Representação que se tem de si e do contexto sociodinâmico no momento de transição de idade
- Minhas férias: Atividades escolhidas durante o período de férias escolares – 6/7 anos
- Fazendo aquilo de que mais gosta: Tipo de atividade que mais gosta

A escolha das provas a serem aplicadas deve acontecer conforme a necessidade observada; podemos usar uma prova, alguns domínios ou todas as provas. Para investigarmos a rede de vínculos com base no desenho realizado, de acordo com a técnica projetiva, devemos considerar alguns critérios: posição na folha, detalhes do desenho, título e relato.

Análise do desenho

Quanto à posição na folha e respectivos significados:

- superior – exigente;
- inferior – impulsivo;
- direita – progressivo;
- esquerda – regressivo;
- superior direita – exigente progressivo;
- superior esquerda – exigente regressivo;
- inferior direita – impulsivo progressivo;
- inferior esquerda – impulsivo regressivo;

- central – equilibrado.

Quanto aos detalhes do desenho:
- tamanho total;
- tamanho dos personagens;
- tamanho dos objetos;
- distanciamento entre personagens;
- posição dos objetos;
- desenho conforme o solicitado;
  Observação: a recusa em desenhar ou escrever também nos dá informações importantes.

Quanto ao título, a concordância ou a disparidade pode indicar mecanismos de dissociação, negação ou repressão.

Quanto ao relato, o vínculo de aprendizagem pode se apresentar pelo próprio conteúdo, por sua correspondência.

Fonte: Elaborado com base em Visca, 2009.

O estudo teórico e prático das técnicas projetivas é fundamental para a aplicação do instrumento. A análise dos indicadores significativos apresentados nas provas a seguir é baseada em Visca (2009).

3.1.1
Técnicas projetivas por vínculo escolar: par educativo, eu com meus colegas, planta da sala de aula

@ Par educativo

Objetivo

Investigar os vínculos de aprendizagem do sujeito.

Material

- Folha sulfite
- Lápis preto
- Borracha

Procedimento

Solicitar ao entrevistado que desenhe duas pessoas: uma que ensina e uma que aprende.

Quando finalizado o desenho, pedir a ele que informe a idade e o nome dos personagens, dê um título à produção e faça um relato sobre ela.

A fim de compreender o vínculo de aprendizagem, analise os indicadores significativos.

Desenvolvimento

Apresentar a consigna: "Poderia desenhar duas pessoas: uma que ensina e uma que aprende?".

Quando finalizado o desenho, questionar: "Qual é o nome destas pessoas? Qual a idade delas? Poderia dar um título ao seu desenho? Pode me contar (ou escrever) o que está acontecendo nele?".

Analisar os indicadores significativos: tamanho, posição, título e relato.

Qualidade de vínculos e a influência na aprendizagem 125

Figura 3.1 – Par educativo 1

Figura 3.2 – Par educativo 2

Análise dos indicadores significativos
Detalhes do desenho
- Tamanho total do desenho:
  - muito pequeno ou exageradamente grande – vínculos negativos com a aprendizagem;
  - dimensões razoáveis – relações equilibradas.
- Tamanho dos personagens (conforme o tamanho do desenho e dos personagens entre si):
  - personagem muito pequeno se comparado ao outro – desvalorização;
  - personagem muito maior que o outro – supervalorização;
  - tamanho médio – vínculo equilibrado.
- Tamanho dos objetos:
  - exagerado – pode servir de divisor entre quem ensina e quem aprende;
  - muito pequeno – pode representar um depósito de projeções negativas deslocadas;
  - tamanho razoável – indicador de projeções positivas.
- Posição dos personagens (indica a estrutura vincular estabelecida entre sujeito e aprendizagem):
  - frente a frente – vínculo positivo com a aprendizagem;
  - lado a lado – vínculo satisfatório;
  - professor de costas para o aluno – aluno se sente rejeitado;
  - aluno de costas para o professor – professor é rejeitado pelo aluno;
  - ambos de costas – vínculo negativo com a aprendizagem.

Local da cena
- Ambiente escolar: demonstra a aprendizagem sistemática, seja ela positiva, seja negativa.
- Ambiente extraescolar: vincula-se melhor à aprendizagem assistemática.

Distância
O distanciamento entre personagens e objetos representa a importância direcionada ao conteúdo da aprendizagem:
- quanto menor a distância, mais valorizada é a aprendizagem;
- quanto maior a distância, menor é o envolvimento com o conteúdo apresentado.

Identificação dos personagens
- Nomes e idades assinalados: observar se correspondem com o entrevistado.
- Título: verificar a concordância ou a disparidade, que podem indicar mecanismos de dissociação, negação ou repressão.
- Relato: o vínculo de aprendizagem pode ser descrito pelo próprio conteúdo apresentado.

Eu com meus colegas

Objetivo
Investigar o vínculo com colegas de classe.

Material
- Folha sulfite
- Lápis preto
- Borracha

Procedimento
Solicitar ao entrevistado que se desenhe com seus colegas de classe.

Quando finalizado o desenho, solicitar a ele que indique sua localização, o nome e a idade dos demais personagens.

Pode ser solicitado um comentário sobre os colegas.

Realizar a análise dos indicadores significativos.

Desenvolvimento
Apresentar a consigna: "Gostaria que desenhasse você com seus colegas de classe".

Quando finalizado o desenho, questionar: "Qual é o nome destas pessoas? Qual a idade delas? Poderia dar um título ao seu desenho? Pode me contar (ou escrever) algo sobre seus colegas?".

Analisar indicadores significativos: detalhes do desenho e comentários sobre os colegas.

Qualidade de vínculos e a influência na aprendizagem   129

Figura 3.3 – Eu com meus colegas 1

Figura 3.4 – Eu com meus colegas 2

Análise dos indicadores significativos

Detalhes do desenho
- Tamanho total:
  - grande – maior peso na rede vincular;
  - médio – vínculo relativamente importante;
  - pequeno – menor peso na rede vincular.
- Tamanho do personagem principal (imagem que o entrevistado tem de si mesmo em relação aos colegas):
  - maior que os amigos – relação de liderança, ou incapacidade de descentrar-se, concordando com a opinião dos outros;
  - menor que os amigos – submissão, pode estar sendo vítima do grupo;
  - tamanho igual – sente-se aceito, em condição simétrica com os colegas.
- Posição dos personagens (muito significativa, indica a estrutura vincular estabelecida entre o entrevistado e o grupo):
  - lado a lado – comunicação menos aprofundada, mais superficial;
  - o entrevistado entre dois grupos separados – falta de integração com o grupo;
  - entrevistado em um extremo do grupo – integração relativa;
  - entrevistado ausente ou em segundo plano – integração inadequada;
  - entrevistado em primeiro plano ou em posição concêntrica – boa integração.
- Inclusão do docente (não é comum):

- dependência;
- dificuldades de relacionamento com os colegas;
- afeto.

Identificação dos personagens
- Nomes e idades assinalados: observar se correspondem com o entrevistado.
- Título: verificar a concordância ou a disparidade com o desenho.
- Relato ou comentário sobre os colegas: o vínculo pode ser descrito pelo próprio conteúdo apresentado no que diz respeito à relação com cada colega ou com o grupo. O relato pode ser realizado durante ou após a elaboração do desenho.

Planta da sala de aula

Objetivo

Averiguar a representação do campo geográfico da sala de aula e as localizações real e desejada.

Material

- Folha sulfite
- Lápis preto
- Borracha
- Régua (somente fornecer se for solicitada)

Procedimento

Pedir ao entrevistado para desenhar a planta da sua sala de aula, indicando com uma cruz o lugar em que está posicionado.

Quando finalizado o desenho, solicitar a ele que comente sobre a planta apresentada e sobre sua localização na sala de aula.

Realizar a análise dos indicadores significativos.

Desenvolvimento

Apresentar a consigna: "Gostaria que desenhasse a sua sala de aula vista de cima, ou seja, a planta da sua sala de aula. Quando terminar, assinale com uma cruz o lugar em que está sentado".

Quando finalizado o desenho, questionar: "Como é a sua sala de aula? Quem escolhe o lugar em que você deve sentar? Você gostaria de sentar em outro lugar? Onde? Por quê? Quem são as pessoas que se sentam próximas a você? Pode me contar um pouco sobre elas?".

Fazer perguntas complementares que forem pertinentes.

Analisar os indicadores significativos: disposição da sala de aula, tamanho da sala de aula, localização na sala de aula, representação de personagens (entrevistado, docente, companheiros) e representação de objetos.

Qualidade de vínculos e a influência na aprendizagem   133

Figura 3.5 – Planta da sala de aula 1

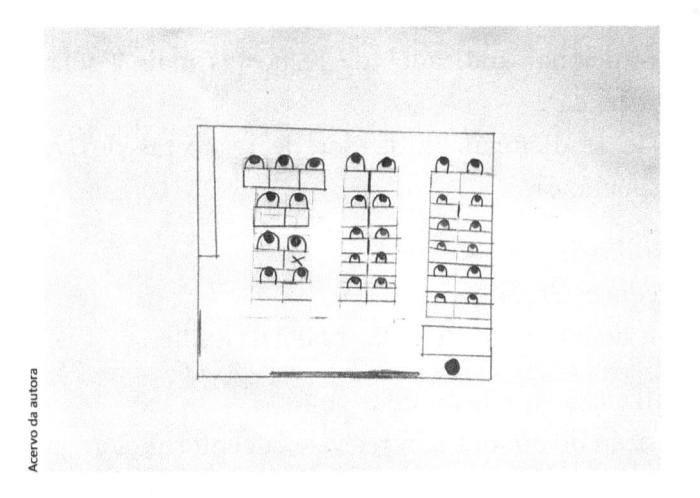

Figura 3.6 – Planta da sala de aula 2

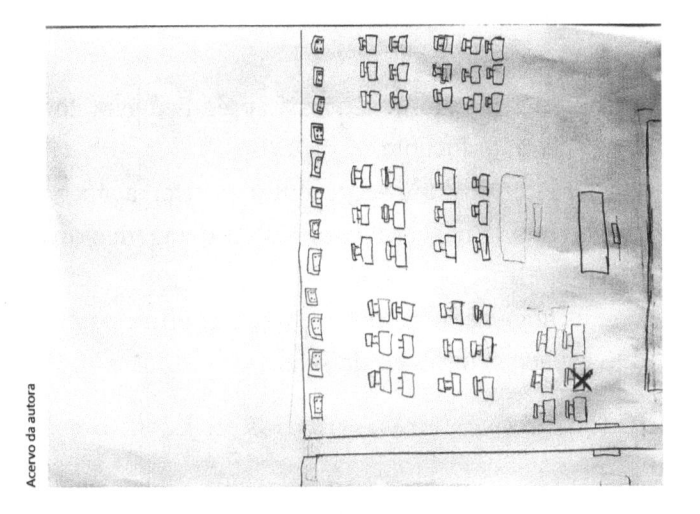

Análise dos indicadores significativos

Disposição da sala de aula
- Tradicional: indicador de respostas mais rígidas ou ordenadas.
- Não tradicional: indicador de respostas flexíveis e espontâneas.

Tamanho da sala de aula
- Pequena: inibição.
- Muito grande: pode indicar falta de limites.

Localização na sala de aula
A posição da criança tem relevância conforme o responsável pela escolha – ela mesma, o professor ou os colegas – e a altura da criança também deve ser considerada para que não se cometam equívocos na interpretação*.
- Frente: vínculo positivo com o docente e com a aprendizagem, ou castigo.
- Centro: vínculo mediano com a aprendizagem, com os colegas e com o docente.
- *Fundo e lateral: pode representar participação pouco ativa ou vínculo negativo com a aprendizagem e/ou com o docente.
- Não se localiza na sala: pode representar vínculo negativo com o espaço geográfico da sala.

Objetos (quadro, carteiras, armários etc.) dentro da sala de aula
- Incluídos: estabelece vínculos.
- Excluídos: pouco ou nenhum vínculo.

- Tamanho: maximização ou minimização do valor atribuído ao objeto pode indicar uma barreira divisória no espaço geográfico da sala.

Personagens (entrevistado, docente, colegas) presentes na sala de aula
A presença ou não de personagens depende da idade da criança. Nesse caso, a questão do vínculo pode ser conhecida por meio de interrogatório.

Aberturas (portas, janelas) da sala de aula
Podem estar relacionadas ao sentir-se fechado, mas também podem indicar a preferência por estar próximo das aberturas. O examinador deve ficar atento aos comentários.

Escolha do lugar na sala de aula
- Pelo aluno, pelo professor ou pelo grupo.
- Aceitação do lugar:
    - aceita – menor prejuízo no vínculo com a aprendizagem;
    - rejeita – pode indicar obstáculos à aprendizagem;
    - indiferente – indicador de rejeição encoberta.
- Colegas ao redor: do mesmo sexo, de outro sexo de ambos os sexos.

Relato ou comentário sobre a sala de aula
O vínculo pode ser descrito pelo próprio conteúdo apresentado: a relação positiva ou não com o espaço geográfico, com os objetos, com as pessoas participantes e com a localização. Pode ser realizado durante ou após a elaboração do desenho.

3.1.2
Técnicas projetivas por vínculo familiar: planta da minha casa, quatro momentos do dia, família educativa

Planta da minha casa

Objetivo

Analisar a representação do campo geográfico do lugar em que o entrevistado mora e a localização real da pessoa nesse espaço.

Material

- Folha sulfite
- Lápis preto
- Borracha
- Régua (somente fornecer se for solicitada)

Procedimento

Convidar o entrevistado a desenhar a planta da sua casa, indicando com uma cruz o lugar em que está posicionado.

Quando finalizado o desenho, solicitar a ele que comente sobre a planta apresentada, a localização dos cômodos, o seu quarto, o seu local de estudo e o local de reunião familiar.

Realizar a análise dos indicadores significativos.

Desenvolvimento

Apresentar a consigna: "Gostaria que desenhasse a planta da sua casa".

Solicitar que nomeie os cômodos e indique o quarto de cada morador.

Quando finalizado o desenho, questionar: "Poderia me dizer como é sua casa? Onde a família se reúne? Qual é o seu quarto? Gosta do seu quarto? Onde estuda?".

Fazer perguntas complementares que forem pertinentes.

Analisar indicadores significativos: detalhes do desenho, localização do próprio quarto, comentários sobre o quarto, a escolha do quarto, o local de estudos, o lugar de reunião familiar.

Figura 3.7 – Planta da minha casa 1

Figura 3.8 – Planta da minha casa 2

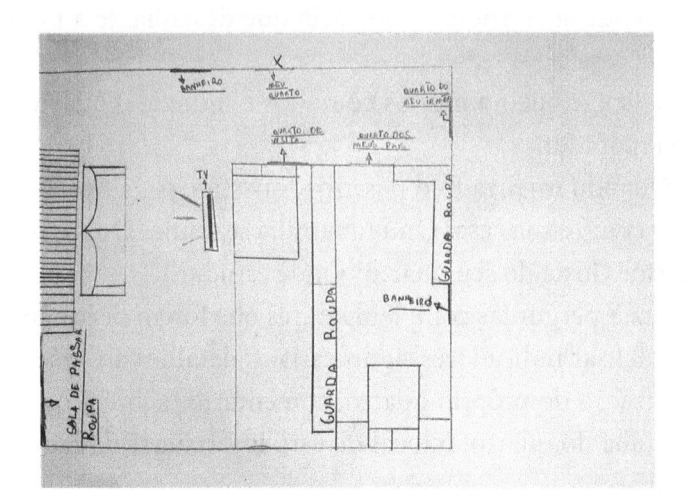

Análise dos indicadores significativos

Ponto de vista do entrevistado
- Interno: sente-se pertencente e acolhido pelo grupo familiar.
- Externo: mostra-se como expectador; admira a casa.

Espaços representados
- Interior: favorece-se com a aprendizagem formal.
- Exterior (espaços abertos, jardins, horta): a aprendizagem ocorre pelo vínculo entre corpo e natureza.

Tamanho da casa
- Pequeno: inibição, o que pode indicar diminuição no uso do potencial investido na aprendizagem.
- Ocupa toda a folha: aprendizagem positiva; observar se não há descontrole motor.

- Utiliza mais de uma folha: falta de antecipação e controle; vínculo negativo ou instável com a aprendizagem sistematizada.

Localização do quarto do entrevistado
Devem ser consideradas as reais possibilidades do domicílio, a proximidade do quarto dos pais, o fato de o quarto ser único ou compartilhado (analisar os comentários).

Escolha do quarto
- Pelo entrevistado, pelos pais ou pelo grupo familiar.
- Escolha do mobiliário, dos enfeites, dos cartazes etc.
- De acordo com a faixa etária, observar os comentários e analisar a influência familiar no vínculo de aprendizagem (permissibilidade, suporte, imposição).

Lugar de estudo
- Altamente relevante para perceber o vínculo estabelecido com a aprendizagem.
- Mobiliário adequado, iluminação adequada, materiais necessários.
- Ambiente isolado (reservado) ou integrado com o restante da casa para ter o suporte familiar necessário.

Presença de pessoas (entrevistado, pais, irmãos) na casa
A presença ou não de pessoas no desenho da casa pode ter significados diversos. Nesse caso, a questão do vínculo pode ser conhecida por meio de interrogatório.

Lugar de reunião familiar
Questionar onde, quem, quando, por que e para que se reúnem.

Aberturas (portas, janelas) da casa
São canais de comunicação que podem ser representados, estar ausentes ou deslocados. O examinador deve ficar atento aos comentários.

Relato ou comentário sobre a casa e o quarto
O vínculo pode ser descrito pelo próprio conteúdo apresentado: a relação positiva ou não depende da aceitação, da rejeição ou da indiferença com o espaço geográfico da casa, com o seu quarto, os seus objetos e as pessoas participantes. Pode ser realizado durante ou após a elaboração do desenho.

Quatro momentos do dia

Objetivo
Investigar os vínculos ao longo do dia.

Material
- Folha sulfite
- Lápis preto

Procedimento
Convidar o entrevistado a desenhar quatro momentos de um dia, desde a hora que acorda até a hora de dormir.

Quando finalizado, solicitar a ele que comente sobre o desenho apresentado.

Realizar a análise dos indicadores significativos e dos relatos.

Desenvolvimento

Dobrar uma folha em quatro partes e pedir ao entrevistado que faça o mesmo com outra folha.

Apresentar a consigna: "Gostaria que você utilizasse esta folha, dividida em quatro partes, para desenhar quatro momentos do dia, desde o momento em que acorda até o momento em que vai dormir".

Pedir ao entrevistado que relate o que está acontecendo em cada cena. Se necessário, fazer perguntas complementares: "Poderia me contar o que está acontecendo em cada momento do seu desenho?".

Analisar os indicadores significativos: adequação da ordem, momentos escolhidos, atividades realizadas, pessoas, campo geográfico da cena, objetos do ambiente, detalhes do desenho e sequência dos momentos.

Figura 3.9 – Quatro momentos do dia 1

Figura 3.10 – Quatro momentos do dia 2

Análise dos indicadores significativos

Tamanho
- Do desenho, dos personagens e dos objetos.

Detalhes do desenho
- Proporções, tipos de traço, posições e mobilidade.

Localização
- Do desenho na folha, entre personagens e entre personagens e objetos.

Sequência
- Espacial: orientação ocidental de escrita.

A	B
C	D

- Temporal:
  - ordenado – predominância do princípio da realidade e capacidade de acomodação; aprendizagem realista;
  - desordenado – impulsividade.
- Relato:
  - de acordo com a organização espaço-temporal: adequação à aprendizagem;
  - discrepante em relação à sequência espacial: severas dificuldades para aprendizagem.

Momentos escolhidos
- Escolha automática: vida monótona e sem criatividade.
- Escolha com base em cargas afetivas positivas: dinamismo, criatividade e uso enriquecedor do tempo.
- Escolha com base em cargas afetivas negativas: apatia, solidão, impulsos hostis manifestos ou latentes.

Atividades realizadas
Pode indicar gostos, aspirações, potencial, imposições externas e frustrações.

Família educativa

Objetivo

Estudar o vínculo de aprendizagem com o grupo familiar e com cada um dos integrantes da família.

Material

- Folha sulfite
- Lápis preto

Procedimento

Convidar o entrevistado a desenhar a família, com cada pessoa fazendo o que sabe fazer.

Quando finalizado, solicitar a ele que comente sobre o desenho apresentado.

Realizar a análise dos indicadores significativos e dos relatos apresentados.

Desenvolvimento

Pedir ao entrevistado que relate o que está acontecendo em cada cena. Se necessário, fazer perguntas complementares: "Quem são as pessoas apresentadas? Qual a idade? O que estão fazendo? Elas ensinam estas atividades para você ou para alguém? De que forma?".

Analisar os indicadores significativos: campo geográfico da cena, adequação da ordem, sequência dos momentos, momentos escolhidos, atividades realizadas, pessoas participantes das cenas, objetos apresentados na cena e detalhes do desenho.

Figura 3.11 – Família educativa

Análise dos indicadores significativos

Conteúdo do desenho
- Atividade de cada personagem.
- Objetos com os quais realiza a atividade.

Relato sobre o desenho
- Identificação dos personagens (idade e sexo).
- Grau de parentesco dos personagens.
- Relato durante a realização da tarefa.
- Relato ao final da tarefa.
- Localização, tamanho, posição dos personagens, detalhes do desenho, atividades realizadas, participação do entrevistado (no desenho ou nos relatos) e relatos complementares à figura indicam os vínculos de aprendizagem promovidos ou inibidos no ambiente familiar.

3.1.3
Técnicas projetivas por vínculo consigo mesmo: dia do meu aniversário, minhas férias, fazendo aquilo de que mais gosto, desenho em episódios

@ Dia do meu aniversário

Objetivo

Conhecer a representação que o entrevistado tem de si e do conteúdo físico e sociodinâmico no momento de transição de uma idade para outra.

Material

- Folha sulfite
- Lápis preto

Procedimento

Solicitar ao entrevistado que desenhe o dia do seu aniversário.

Quando finalizado, pedir a ele que comente sobre o desenho apresentado.

Realizar a análise dos indicadores significativos e dos relatos apresentados.

Desenvolvimento

Solicitar ao entrevistado que faça um desenho do dia do aniversário de uma pessoa (menino ou menina de acordo com o sexo do entrevistado): "Você poderia desenhar o dia do aniversário de um(a) menino(a)?".

Após o término da tarefa, comentar: "Fale-me sobre seu desenho: qual a idade do personagem? Quem são as pessoas apresentadas no desenho? Qual a idade delas? Pode me contar como foi a festa?".

Fazer mais perguntas complementares se considerar necessário.

Realizar a análise dos indicadores significativos e dos relatos apresentados.

Figura 3.12 – Dia do meu aniversário 1

Figura 3.13 – Dia do meu aniversário 2

Indicadores significativos

Detalhes do desenho
- Tamanho total dos personagens, dos objetos vinculados e não vinculados ao aniversário e caráter completivo do desenho.

Espaço geográfico
- Própria casa: atitude realista.
- Lugar público: posição de abertura.
- Fora de contexto: capacidade criadora ou mundo imaginário.

Conteúdo e relato
- Idade do personagem que faz aniversário: comparar com a idade cronológica do entrevistado. Idade maior pode indicar alto nível de inspiração; menor, desejo de não crescer.

- Rodeado de pessoas: capacidade de aprendizagem qualitativa e quantitativa.
- Sozinho: pouco vínculo com a aprendizagem.
- Presentes: objetos desejados.
- Caracterização dos demais personagens: aceitação e recusa.
- Contradição entre desenho e relato: dificuldade de estabelecer vínculos consigo mesmo e com as pessoas ao seu redor.

Minhas férias

Objetivo

Analisar as atividades escolhidas durante as férias escolares.

Material

- Folha sulfite
- Lápis preto
- Borracha

Procedimento

Solicitar ao entrevistado que desenhe um retrato do seu dia de férias.

Quando finalizado, solicitar a ele que comente sobre o desenho apresentado.

Realizar a análise dos indicadores significativos e dos relatos apresentados.

Desenvolvimento

Solicitar ao entrevistado que faça um desenho como se fosse uma foto de um dia de suas férias: "Você poderia desenhar um dia das suas férias?".

Após o término da tarefa, comentar: "Fale-me sobre seu desenho. Conte-me sobre o seu dia. O que mais fez nas férias?". Fazer perguntas complementares se considerar necessário.

Realizar a análise dos indicadores significativos e dos relatos apresentados.

Figura 3.14 – Minhas férias

Indicadores importantes

Durante a produção gráfica
- Adequação à ordem (vínculo que o sujeito possui consigo mesmo):
    - adequação – vínculo positivo, flexibilidade, capacidade de acomodação e criatividade;
    - inadequação – vínculo negativo, rigidez, predomínio de assimilação e pouca criatividade.
- Atividade apresentada: apresentação dos desejos mais íntimos; podem sugerir escolhas vocacionais.

- Marco geográfico escolhido: expressão de sentimentos, expectativas em relação ao futuro pessoal.

Durante o relato

- Coerência interna do relato: grau de integração do eu em relação às condutas aprendidas, ao vínculo estabelecido com o todo e as partes. A coerência pode ser rígida, inflexível ou harmoniosa.
- Coerência entre relato e desenho: é possível observar se existe rigidez, inflexibilidade, harmonia, estados intermediários e vínculo consigo mesmo.
- Argumento criado sobre a cena: confere dinamismo ao desenho, permitindo uma melhor compreensão dos aspectos que não se apresentam claramente.

Fazendo aquilo de que mais gosto

Objetivo

Investigar o tipo de atividade de que o entrevistado mais gosta.

Material

- Folha sulfite
- Lápis preto
- Borracha

Procedimento

Solicitar ao entrevistado que desenhe o que mais gosta de fazer.

Quando finalizado, pedir a ele que comente sobre o desenho apresentado.

Realizar a análise dos indicadores significativos e dos relatos apresentados.

Desenvolvimento

Solicitar ao entrevistado que desenhe o que mais gosta de fazer: "Gostaria que desenhasse nesta folha o que mais gosta de fazer".

Ao término do desenho, perguntar a ele sobre o conteúdo apresentado: "O que poderia me contar sobre o seu desenho?".

Realizar a análise dos indicadores significativos e dos relatos apresentados.

Figura 3.15 – Fazendo o que mais gosto

Indicadores significativos

Durante a produção gráfica
- Ação de apagar realizando alterações no tema: incerteza quanto à escolha do tema.

- Ação de apagar objetos sem mudança de tema: concretização da escolha, aperfeiçoamento e desenvolvimento.
- Registrar os comentários.

Durante a verbalização
- Coerência entre o relato e o desenho: vínculo adequado, entretanto devem ser observadas contradições ou incoerências.
- Total incoerência: vínculo em conflito.

Contexto espacial e temporal
Pode representar o âmbito de realização possível ou impossível.

Desenho em episódios

Objetivo

Estudar o vínculo de aprendizagem que o sujeito possui consigo mesmo e os indicadores gráficos vinculados a tempo, espaço e causalidade.

Material

- Folha sulfite
- Lápis preto

Procedimento

Orientar o entrevistado a desenhar uma pessoa (do mesmo sexo que o seu) com o dia todo livre.

Após finalizado, pedir a ele que comente sobre o desenho apresentado.

Realizar a análise dos indicadores significativos apresentados no desenho e dos relatos.

Desenvolvimento

Dobrar uma folha em seis partes, da seguinte forma:

1	2	3
4	5	6

Apresentar a consigna: "Gostaria que você utilizasse esta folha para representar o dia livre de uma pessoa, desde a hora em que acorda (indicar o quadro 1) e sai de casa até a hora em que retorna (indicar o quadro 6)".

Após o término do desenho, pedir a ele que relate os acontecimentos de cada cena.

Se necessário, fazer perguntas complementares.

Analisar os indicadores significativos: adequação da ordem, sequência e momentos escolhidos, atividades realizadas, pessoas, campo geográfico da cena, objetos do ambiente, detalhes do desenho.

Figura 3.16 – Desenho em episódios

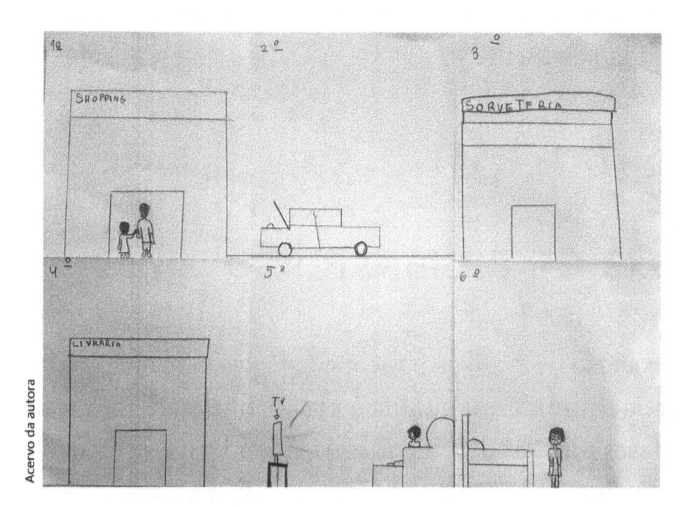

Acervo da autora

Análise dos indicadores significativos

Eixos de interpretação
- Representação do tempo e do espaço: por meio da representação de objetos com vida (árvores, flores), do tempo (condições climáticas), das estações do ano etc.
- Tema apresentado: pode ser único.
- Afetos: simples ou complexos.
- Elementos relacionais e sociais: adequação ou não em termos de comunicação.
- Movimentos identificatórios: identidade do próprio eu e identificação com o mundo externo, segundo o desenho ou o relato.

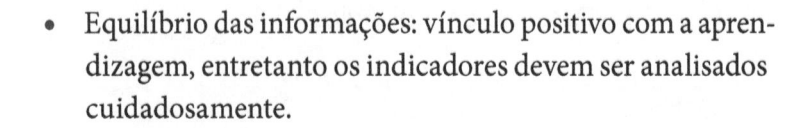

- Equilíbrio das informações: vínculo positivo com a aprendizagem, entretanto os indicadores devem ser analisados cuidadosamente.

3.2
Caixa de areia e miniaturas

No processo de avaliação psicopedagógica, o recurso da caixa de areia e miniaturas auxilia o profissional na elaboração de hipóteses sobre as dificuldades de aprendizagem, cujos sintomas são indicados na queixa, norteando a linha de pesquisa investigativa.

O *sandplay*, jogo de areia, é uma técnica expressiva utilizada na clínica psicopedagógica por crianças, adolescentes e adultos. Como processo interventivo, esse recurso possibilita a organização do pensamento e das emoções envolvidas no processo de aprendizagem (Küster, 2012). Küster (citado por Barbosa, 2012, p. 72) ainda ressalta que o objetivo da caixa de areia é "mobilizar o aprendiz a utilizar processos metacognitivos que certamente propiciarão a consciência, o controle e a transformação de suas aprendizagens".

Material

- Caixa de madeira revestida de fórmica azul nas seguintes medidas: 72 × 50 cm de largura e 7,5 cm de altura.
- Areia fina peneirada e tratada, o suficiente para a manipulação dos cenários sem risco de transbordar (aproximadamente 3 cm de profundidade).

- Miniaturas:
  - animais – selvagens, domésticos, pré-históricos, vertebrados, invertebrados, insetos;
  - meios de transporte – aéreo, terrestre, aquático;
  - meios de comunicação;
  - moradias, utensílios de casa, móveis;
  - alimentos, bebidas;
  - personagens de conto de fadas, super-heróis;
  - índios, soldados, guerreiros;
  - personagens de histórias em quadrinhos;
  - personagens de folclore;
  - figuras humanas;
  - plantas, árvores;
  - conchas, vidros, palitos de sorvete etc.

Procedimento

Pedir ao entrevistado que construa um cenário na caixa de areia com as miniaturas.

Agir como observador, deixando a criança livre para brincar e criar.

Ao final da construção da cena, registrar o relato sobre o conteúdo, buscando explicações sobre o cenário apresentado.

Desenvolvimento

- Processo avaliativo: utilizar uma consigna de abertura: "Você gostaria de construir uma cena na caixa de areia com as miniaturas?".
- Durante a construção da cena: registrar a dinâmica e a temática.
- No final da construção da cena: fazer uma intervenção de domínio cognitivo, afetivo e funcional: "Poderia me

explicar o que você construiu? O que sente sobre essa construção? Existe alguma miniatura que pode completar esta cena?".

- Análise: organização espacial e classificatória, coerência e coesão nos relatos e nos conteúdos apresentados, capacidade de análise e síntese, vínculo com a aprendizagem etc.

Levar em consideração que:

Todo o movimento para a caixa de areia e as miniaturas é observado e considerado significativo e importante. Como a criança se aproxima, olha, explora, manipula, escolhe, pega, cria. Observamos, também, a expressão, os sons, as vozes-onomatopaicos, diálogos, imitações, gritos ou silêncio, o limite da caixa, a organização – seleção, distribuição, quantidades de miniaturas etc. Enfim, o envolvimento com a atividade (Küster; Parolin, citados por Barbosa, 2012, p. 71).

Síntese

Para podermos analisar a qualidade dos vínculos estabelecidos, neste capítulo, vimos as provas projetivas e a dinâmica da caixa de areia com miniaturas.

Com as técnicas projetivas psicopedagógicas, é possível avaliarmos a qualidade de vínculos segundo três grandes domínios: 1) escolar, 2) familiar e 3) consigo mesmo. Demonstramos objetivos, materiais que devem ser empregados, procedimentos e análise.

Já sobre a caixa de areia com miniaturas, vimos que é uma técnica na qual, além da avaliação, é possível realizar uma intervenção que possibilita a organização do pensamento e das emoções envolvidas no processo de aprendizagem.

Atividades de autoavaliação

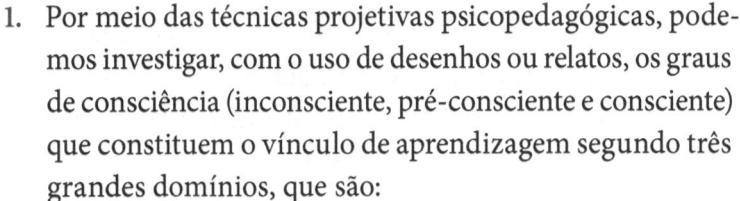

1. Por meio das técnicas projetivas psicopedagógicas, podemos investigar, com o uso de desenhos ou relatos, os graus de consciência (inconsciente, pré-consciente e consciente) que constituem o vínculo de aprendizagem segundo três grandes domínios, que são:
   a) familiar, religioso e consigo mesmo.
   b) parental, conjugal e consigo mesmo.
   c) familiar, social e emocional.
   d) escolar, familiar e consigo mesmo.
   e) social, afetivo e comportamental.

2. Associe as provas apresentadas a cada domínio avaliado nas técnicas projetivas.

   Provas

   a) Par educativo, eu com meus colegas, planta da sala de aula
   b) Planta da minha casa, quatro momentos de um dia, família educativa
   c) Desenho em episódios, dia do meu aniversário, minhas férias, fazendo o que mais gosto

   Domínio

   ( ) Familiar
   ( ) Consigo mesmo
   ( ) Escolar

3. Quanto à aplicação das técnicas projetivas, marque com V as assertivas verdadeiras e com F as falsas.
   ( ) O psicopedagogo deve considerar as necessidades de aplicação no que se refere à queixa apresentada.
   ( ) Na avaliação, pode ser aplicada uma prova, alguns domínios ou todas as provas.
   ( ) Todas as provas de todos os domínios devem ser aplicadas.
   ( ) O psicopedagogo tem autonomia para decidir sobre as provas a serem aplicadas.
   ( ) O avaliando pode escolher sobre qual domínio deseja realizar a tarefa.

4. Para investigarmos a rede de vínculos com base no desenho realizado, de acordo com a técnica projetiva, devemos considerar alguns critérios: posição do desenho na folha, detalhes do desenho, título e relato. No desenho referente ao domínio escolar, o psicopedagogo pode investigar:
   a) vínculo de aprendizagem com a família, com os integrantes da família e consigo mesmo.
   b) vínculos ao longo do dia.
   c) campo geográfico do lugar onde mora.
   d) vínculos com os colegas de sala de aula.
   e) atividades escolhidas no período de férias.

5. De acordo com Küster e Parolin (citados por Barbosa, 2012), todo movimento realizado na caixa de areia e com as miniaturas é considerado significativo e importante durante o envolvimento do avaliando com a atividade. Sobre isso, marque a alternativa **incorreta**.

a) Deve-se observar como a criança se aproxima da caixa de areia, olha, explora, manipula, escolhe, pega, cria.
b) Devem ser considerados expressão, sons, vozes, onomatopeias, diálogos, imitações, gritos e silêncio.
c) Quando a criança fica em silêncio, a atividade é invalidada.
d) Devem ser analisadas utilização dos materiais, limite da caixa, organização, seleção, distribuição, quantidade de miniaturas etc.
e) A dinâmica e a temática devem ser registradas.

Atividades de aprendizagem

Questões para reflexão

1. Um estudo realizado por Tietze e Castanho (2016) avaliou representações de relação vincular com a aprendizagem em crianças por meio do desenho do par educativo. Após a leitura do estudo, indicado a seguir, faça uma reflexão acerca do uso desse instrumento no ambiente escolar.

TIETZE, F.; CASTANHO, M. I. S. Educação integral: significações por alunos de ensino fundamental pelo par educativo. **Psicopedagogia**, São Paulo, v. 33, n. 100, p. 5-18, 2016. Disponível em: <http://www.revistapsicopedagogia.com.br/detalhes/12/educacao-integral--significacoes-por-alunos-de-ensino-funda mental-pelo-par-educativo>. Acesso em: 21 fev. 2020.

2. O trabalho com a caixa de areia e as miniaturas requer aprofundamento teórico para análise dos resultados apresentados. É importante refletir que o psicopedagogo não deve utilizar a técnica pela técnica, mas sim adotar fundamentação teórica e prática para que a aplicação da dinâmica não se torne apenas uma brincadeira. Desse modo, reflita sobre as diferenças de uso dos materiais lúdicos em momentos de brincar e em situações avaliativas.

Atividade aplicada: prática

1. Aplique com uma criança a técnica da caixa de areia e miniaturas. Peça a ela que construa um cenário e aja como observador, deixando-a livre para brincar e criar. Ao final da construção da cena, registre o relato sobre o conteúdo e busque explicações sobre o cenário apresentado.

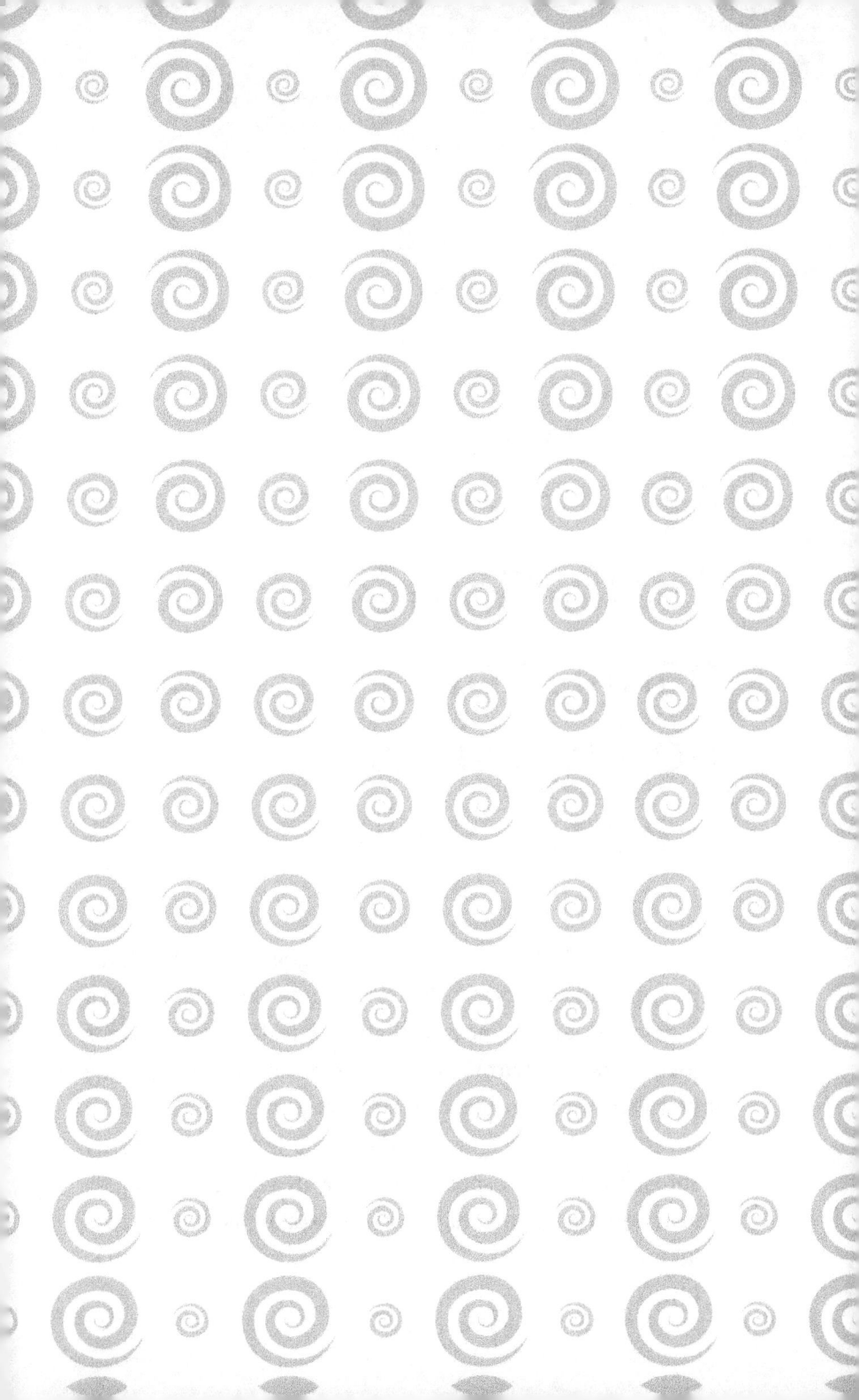

4
Avaliação das habilidades pedagógicas e atencionais

Para avaliação das habilidades pedagógicas e cognitivas, o psicopedagogo pode utilizar atividades lúdicas, observação de materiais, técnicas avaliativas e testes padronizados. A escolha dos instrumentos deve levar em conta a área de investigação, a padronização para a população brasileira e a faixa etária adequada. O profissional pode empregar instrumentos de avaliação específicos para a área da aprendizagem e instrumentos de uso não restrito para áreas investigadas afins.

Neste capítulo, abordaremos a análise dos materiais escolares, a análise da coordenação motora, a avaliação das habilidades de leitura, escrita e aritmética, a avaliação da capacidade atencional e a investigação sobre indicadores de *bullying*.

4.1
Análise dos materiais escolares

Demonstra a produção acadêmica realizada no ambiente escolar e familiar. A observação do material deve ser feita de forma cuidadosa, do início ao final de cada atividade. De acordo com Sampaio (2014), por meio dos materiais escolares, podemos verificar o vínculo do aprendente com a aprendizagem, observando questões de organização, higiene, ortografia, letra, realização das tarefas de forma completa ou incompleta, qualidade do erro, correções etc.

De forma prática, podemos realizar a análise dos materiais escolares conforme o procedimento a seguir.

> **Procedimento para análise dos materiais escolares**
>
> 1. Solicitar ao avaliando que apresente seu material. Esclarecer algumas situações, como atividades não realizadas, bilhetes da professora, tarefas incompletas, se a tarefa foi realizada na escola ou em casa etc.

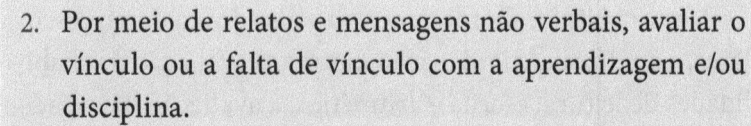

2. Por meio de relatos e mensagens não verbais, avaliar o vínculo ou a falta de vínculo com a aprendizagem e/ou disciplina.
3. Observar sentimentos em relação ao professor ou ao funcionamento durante a aula.
4. Avaliar as colocações do aprendente quanto ao suporte familiar para a realização das tarefas. (Sadalla; Bariani; Rocha, 1999)

4.2
Análise da coordenação motora

O processo de aprendizagem requer domínios psicomotores como coordenação motora, noção corporal, orientação espaço-temporal e lateralidade, que são pré-requisitos fundamentais para a aprendizagem da escrita, da leitura e da matemática.

O desenvolvimento dos movimentos neuromusculares são fundamentais para segurar o lápis, folhear o caderno, definir a lateralidade, delimitar espaços, diferenciar as formas das letras etc. e possibilita à criança a aquisição e o amadurecimento da coordenação motora, das noções de esquema corporal, de lateralidade, de espaço, tempo e direção, contribuindo para as atividades de leitura e escrita (Lordani et al., 2017).

A experiência motora propicia o amplo desenvolvimento dos diferentes componentes da motricidade, tais como a coordenação, o equilíbrio e o esquema corporal. Esse desenvolvimento é fundamental, particularmente, na infância, para o desenvolvimento das diversas habilidades motoras básicas como andar, correr, saltar, galopar, arremessar e rebater. (Medina-Papst; Marques, 2010, p. 37)

Entre os instrumentos utilizados para avaliação motora na educação infantil, no ensino fundamental e na educação especial, temos aqueles sugeridos pelo Manual de Avaliação Motora – Escala de Desenvolvimento Motor (EDM), documento que ainda traz sugestões de atividades motoras (Rosa Neto, 2015).

4.3
Avaliação das habilidades de leitura, escrita e aritmética

O processo de alfabetização implica o domínio da leitura e da escrita, domínios estes que integram o indivíduo à vida acadêmica e social por meio da compreensão e do entendimento de mundo. A aritmética, por exemplo, é requerida em situações da vida diária, como o domínio numérico, a resolução de problemas, a igualdade-diferença, o maior-menor, os valores monetários, entre outras. Quando a aquisição da escrita e da leitura não ocorre de acordo com as fases do desenvolvimento, são necessárias a avaliação e a compreensão das dificuldades, sejam elas estruturais, sejam funcionais, sejam sociais.

4.3.1
Escrita

A comunicação escrita possibilita o registro de informações, ações, pensamentos e ideias dos indivíduos e tem extrema importância para as relações sociais.
Podemos definir a *escrita* como

> [...] um gesto motor que precisa da integridade, da sensibilidade e da motricidade. [...] Como qualquer gesto motor ela necessita de uma organização que usa as competências do tipo "práxicas". A escrita também é uma atividade visuoconstrutiva que faz uso da importante atividade de espacialização: escrevemos da direita para esquerda e de cima para baixo. Essas são as condições que permitem a escrita pôr em ação a função da língua que ela representa e a qual convém acrescentar suas dimensões motivacional e emocional. [...] A escrita é um modo particular e mais tardiamente adquirido de expressão da linguagem. (Gil, 2010, p. 60-61)

Com relação à sondagem dos níveis da escrita, o psicopedagogo pode se apoiar nos estudos psicogenéticos de Ferreiro, para quem

> a escrita não é um produto escolar, mas sim um objeto cultural, resultado do esforço da humanidade. Como objeto cultural, a escrita cumpre diversas funções sociais e tem meios concretos de existência [...]. O escrito aparece para as crianças como objeto com propriedades específicas e como objetos de ações e intercâmbios sociais. (Ferreiro, 2001, p. 43)

Os níveis estruturais da linguagem escrita apresentados no *Caderno do Educador: alfabetização e letramento 1* são:

1) NÍVEL PRÉ-SILÁBICO:
Inicialmente, a criança não diferencia o desenho da escrita, e não dá nenhum significado ao texto. Ela pensa que os desenhos dizem os nomes dos objetos.

Em seguida, começa a produzir riscos ou rabiscos típicos da escrita que tinha como forma básica (modelo). Se a forma básica for letra de imprensa, fará rabiscos separados, com linhas retas e curvas; se for a letra cursiva o modelo com que ela tem contato, fará rabiscos ondulados.

Outros elementos podem aparecer em sua escrita, como pseudoletras ou números. [...]

2) NÍVEL SILÁBICO:
Essa escrita constitui um grande avanço, e se traduz num dos mais importantes esquemas construídos pela criança, durante o seu desenvolvimento. Pela primeira vez, ela trabalha com a hipótese de que a escrita representa partes sonoras da fala, porém, com uma particularidade: cada letra vale por uma sílaba. Assim, utiliza tantas letras quantas forem as sílabas da palavra. [...]

3) NÍVEL SILÁBICO-ALFABÉTICO:
Esta fase apresenta-se como uma transição entre o nível silábico e o nível alfabético.

Diante dos conflitos da hipótese silábica, a criança descobre que o esquema de uma letra para cada sílaba não funciona e, assim, procura acrescentar letras à escrita da fase anterior.

Emília Ferreiro nos lembra que um adulto mal informado poderá, nessa fase, achar que a criança está omitindo letras, o que não é verdade. A criança está é acrescentando letras à sua escrita da fase anterior. [...]

4) NÍVEL ALFABÉTICO:
É a fase final do processo de alfabetização de um indivíduo. Nesse nível, pode-se considerar que a criança venceu as barreiras do sistema de representação da linguagem escrita. Ela já é capaz de fazer uma análise sonora dos fonemas das palavras que escreve. Isso, porém, não significa que todas as dificuldades foram vencidas. A partir daí, surgirão os problemas relativos à ortografia, entretanto, trata-se de outro tipo de dificuldade que não corresponde ao do sistema de escrita que ela já venceu. (Lopes; Abreu; Mattos, 2010, p. 8-10)

4.3.2
Leitura

No transcorrer da vida de uma pessoa, embora não existam ações específicas para cada idade, é possível avaliarmos as ações decorrentes do desenvolvimento já atingido. Isto é, "algumas competências leitoras que podem ser observadas em situações autênticas de leitura e contribuir para os critérios de análise do observador da ação leitora" (Barbosa, 2017, p. 201).

Nos modelos interativos o leitor é considerado como um sujeito ativo que utiliza conhecimento de tipo muito variado para obter informação do escrito e que reconstrói o significado do texto ao interpretá-lo de acordo com seus próprios esquemas conceituais e a partir de seu conhecimento do mundo. A relação entre o texto e o leitor durante a leitura pode ser qualificada como dialética: o leitor baseia-se em seus conhecimentos para interpretar o texto, para extrair um significado, e esse novo significado, por sua vez, permite-lhe criar, modificar, elaborar e incorporar novos conhecimentos em seus esquemas mentais. (Colomer; Camps, 2002, p. 31)

Para saber mais

SARAIVA, R. A.; MOOJEN, S. M. P.; MUNARSKI, R. **Avaliação da compreensão leitora de textos expositivos**: teste completo. São Paulo: Pearson, 2015.

SEABRA, A. G.; CAPOVILLA, F. C. **Teste de competência de leitura de palavras e pseudopalavras**. São Paulo: Memnon, 2010.

Sugerimos estes livros como instrumentos de avaliação das habilidades de leitura. O primeiro é destinado ao ensino fundamental anos iniciais e finais, ao ensino médio e ao ensino adulto; e o segundo, aos quatro primeiros anos do ensino fundamental.

4.3.3
Aritmética

A observação das habilidades de cálculo também pode ser realizada de maneira lúdica, com jogos (dominó, pega-varetas) e situações-problema adequadas à faixa etária do avaliando, com atividades que contemplem soma, subtração, multiplicação e divisão.

Nesse contexto, Gil (2010, p. 91) afirma que:

> [...] Os números são feitos de algarismos repertoriados num léxico (doze, 12) e unidos por regras sintáticas (trezentos e vinte e um, 321) e que tanto no nível da compreensão quanto da produção se beneficiam com vários tipos de significantes (ou notações), dos quais dois deles são essencialmente usados: a notação verbal, utilizada no oral e na escrita, e a notação árabe, usada na escrita. Esses dois tipos de notação usufruem de uma transcodificação mútua que permite passar de um sistema para outro. Os números possibilitam os cálculos, expressos em forma de sinais aritméticos, que podem ser ditos (multiplicar), lidos ou escritos verbalmente (menos, mais...) ou simbolicamente (-, +, =,), permitindo assim a realização das quatro operações básicas. Essas operações podem ser efetuadas mentalmente ou por escrito, usando-se uma disposição espacial rigorosa, como o alinhamento sequencial, da direita para esquerda, das unidades, dezenas e centenas [...] reunidas, na adição, num alinhamento vertical de cada classe lexical numérica.

As dificuldades relacionadas às habilidades aritméticas podem ter causas pedagógicas, origem em disfunções do sistema nervoso central (discalculia e acalculia) ou em capacidade intelectual limitada.

Para saber mais

GIACOMINI, C. H.; STEIN, L. M.; FONSECA, R. P. **Teste de desempenho escolar**. 2. ed. São Paulo: Vetor, 2019.

Esta obra traz um instrumento psicométrico que busca oferecer, de forma objetiva, uma avaliação das capacidades fundamentais para o desempenho escolar, mais especificamente de escrita, aritmética e leitura. É um teste destinado ao ensino fundamental anos iniciais e finais e pode ser aplicado de maneira individual (escrita, leitura e aritmética) e coletiva (escrita e aritmética).

WEINSTEIN, M. C. A. **Coruja PROMAT**: roteiro para sondagem de habilidades matemáticas. São Paulo: Pearson, 2016.

Este livro apresenta um roteiro para sondagem do desenvolvimento das habilidades matemáticas nos anos iniciais do ensino fundamental. Tem como objetivo verificar potencialidades e defasagens das habilidades matemáticas, identificando em qual área de concentração se encontram, além disso possibilita o levantamento de indicadores para a discalculia.

4.4
Avaliação da capacidade atencional

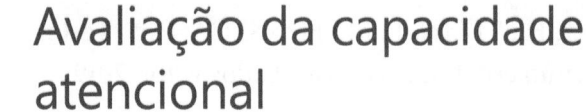

A atenção pode ser considerada uma das funções mentais mais importantes para o indivíduo, pois é por meio dela que são selecionados tanto os aspetos prioritários e não prioritários de eventos tanto internos quanto externos. De acordo com Luria (citado por Gonçalves; Melo, 2009, p. 67), "a atenção tem caráter direcional e seletivo, o que nos permite manter vigilância em relação ao que acontece ao nosso redor, responder aos estímulos relevantes e inibir aqueles que não correspondem aos nossos interesses, intenções ou tarefas imediatas".

Para saber mais

SEABRA, A. G.; DIAS, N. M. (Org.). **Avaliação neuropsicológica cognitiva**: atenção e funções executivas. São Paulo: Memnon, 2017.

Sugerimos esta obra como um instrumento de avaliação de capacidade intelectual, uma vez que traz o teste de atenção por cancelamento, o teste de trilhas – partes A e B, o teste de trilhas para pré-escolares e o teste da torre de Londres, testes estes que são destinados a pessoas de 5 a 14 anos de idade.

4.4.1
Transtorno de *deficit* de atenção e hiperatividade

De acordo com o Manual Diagnóstico e Estatístico de Transtornos Mentais (DSM-5),

> TDAH [transtorno de *deficit* de atenção e hiperatividade] é um transtorno do neurodesenvolvimento definido por níveis prejudiciais de desatenção, desorganização e/ou hiperatividade-impulsividade. Desatenção e desorganização envolvem incapacidade de permanecer em uma tarefa, aparência de não ouvir e perda de materiais em níveis inconsistentes com a idade ou o nível de desenvolvimento. Hiperatividade-impulsividade implica atividade excessiva, inquietação, incapacidade de permanecer sentado, intromissão em atividades de outros e incapacidade de aguardar. (APA, 2014, p. 32)

Para o diagnóstico do TDAH, é fundamental que os critérios diagnósticos sejam cuidadosamente observados, a fim de determinar o subtipo (apresentação combinada, predominantemente desatenta ou predominantemente hiperativa-impulsiva).

Além do DSM-5, podemos utilizar a escala de transtorno do *deficit* de atenção e hiperatividade (ETDAH-AD), que tem como objetivo auxiliar no processo diagnóstico do TDAH, com a possibilidade de distinguir a apresentação do transtorno, a intensidade e o nível de prejuízo existente (leve, moderado ou grave). A ETDAH-AD é composta por cinco fatores: 1) desatenção; 2) impulsividade; 3) aspectos emocionais; 4) autorregulação da atenção, da motivação e da ação;

5) hiperatividade. Destinada a adolescentes e adultos com idade entre 12 e 87 anos, pode ter aplicação individual ou coletiva, é autoadministrável (o próprio avaliando a responde) e o tempo de aplicação é livre (Benczik, 2013).

4.5
Estratégias de avaliação e identificação do *bullying*

De acordo com a Lei n. 13.185, de 6 de novembro de 2015,

> considera-se intimidação sistemática (*bullying*) todo ato de violência física ou psicológica, intencional e repetitivo que ocorre sem motivação evidente, praticado por indivíduo ou grupo, contra uma ou mais pessoas, com o objetivo de intimidá-la ou agredi-la, causando dor e angústia à vítima, em uma relação de desequilíbrio de poder entre as partes envolvidas. (Brasil, 2015, art. 1º, §1º)

Por meio da escala de avaliação do *bullying* escolar (EAB-E) – teste para identificar *bullying* –, podemos encontrar indicadores para detecção de possíveis autores e vítimas de *bullying* no âmbito escolar. Esse tipo de teste pode ser ministrado de forma individual ou coletiva por profissionais da educação e psicólogos da área clínica para verificar sinais de alerta de *bullying*. É apropriado para investigar a faixa etária entre 6 e 20 anos de indivíduos com pelo menos três meses de permanência na mesma escola (Silva, 2014).

Avaliação das habilidades pedagógicas e atencionais 177

Síntese

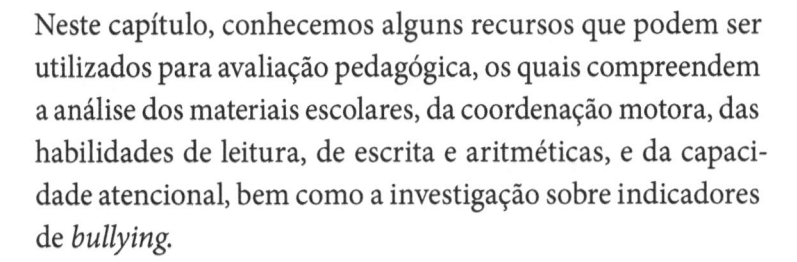

Neste capítulo, conhecemos alguns recursos que podem ser utilizados para avaliação pedagógica, os quais compreendem a análise dos materiais escolares, da coordenação motora, das habilidades de leitura, de escrita e aritméticas, e da capacidade atencional, bem como a investigação sobre indicadores de *bullying*.

Atividades de autoavaliação

1. Por meio dos materiais escolares, é possível verificar o vínculo do aprendente com a aprendizagem. Quanto aos procedimentos de observação dos materiais escolares, marque com V as assertivas verdadeiras e com F as falsas.

( ) Deve-se solicitar ao avaliando que apresente seu material para esclarecer sobre atividades não realizadas, recados da professora, tarefas incompletas e se a tarefa foi realizada na escola ou em casa.

( ) Deve-se observar organização, higiene, ortografia, letra, realização das tarefas de forma completa ou incompleta, qualidade do erro e correções.

( ) Deve-se analisar relatos e mensagens não verbais sobre o vínculo ou a falta de vínculo com a aprendizagem e/ou disciplina.

( ) Deve-se observar sentimentos em relação ao professor ou ao funcionamento durante a aula.

( ) Deve-se avaliar o suporte familiar para a realização das tarefas.

2. Analise as afirmativas a seguir sobre o desenvolvimento da coordenação motora.

   I) Permite o desenvolvimento dos diferentes componentes da motricidade que contribuem para a coordenação, o equilíbrio e o esquema corporal.
   II) Possibilita o desenvolvimento das diversas habilidades motoras básicas, como andar, correr, saltar, galopar, arremessar e rebater.
   III) Permite ao indivíduo segurar o lápis, folhear o caderno, definir a lateralidade, delimitar espaços e diferenciar as formas das letras.
   IV) Tem o início do seu desenvolvimento na idade escolar.
   V) Possibilita o desenvolvimento das diversas habilidades sociais.

   Agora, marque a alternativa correta.

   a) As afirmativas I, II e III estão corretas.
   b) As afirmativas I, II e IV estão corretas.
   c) As afirmativas I, III e V estão corretas.
   d) As afirmativas II, III e IV estão corretas
   e) Somente a afirmativa I está correta.

3. Analise as afirmativas a seguir sobre a escrita, de acordo com Roger Gil (2010).

   I) É um gesto motor que precisa da integridade, da sensibilidade e da motricidade.
   II) Necessita de uma organização que usa as competências do tipo práxicas.

III) É uma atividade visuoconstrutiva que faz uso da importante atividade de espacialização: da direita para esquerda e de cima para baixo.
IV) É um produto escolar.
V) É um produto social.

Agora, marque a alternativa correta.

a) As afirmativas I, II, III e IV estão corretas.
b) As afirmativas I, II e III estão corretas.
c) As afirmativas I, II, IV e V estão corretas.
d) As afirmativas I, III, IV e V estão corretas.
e) Apenas a afirmativa IV está correta.

4. O transtorno de *deficit* de atenção e hiperatividade (TDAH) é:
a) um transtorno de aprendizagem.
b) um transtorno do neurodesenvolvimento definido por níveis prejudiciais de desatenção, desorganização e/ou hiperatividade-impulsividade.
c) um transtorno mental.
d) uma dificuldade de atenção percebida esporadicamente.
e) um transtorno de humor.

5. O *bullying* escolar:
a) é uma brincadeira de mau gosto.
b) é uma travessura de indivíduos ou grupos.
c) é uma intimidação sistemática, um ato de violência física ou psicológica, intencional e repetitivo que ocorre sem motivação evidente.

d) não provoca danos emocionais.
e) é uma prática permitida nos ambientes escolares.

6. Com relação à escolha de testes padronizados para avaliação diagnóstica, o psicopedagogo deve estar atento a alguns aspectos. Sobre isso, marque com V as assertivas verdadeiras e com F as falsas.
( ) Deve-se ponderar se o teste avalia a área/construto que se pretende analisar.
( ) Deve-se observar se é adequado à faixa etária em questão.
( ) Deve-se analisar se o teste está padronizado para a população brasileira.
( ) Deve-se verificar se o teste é de uso não restrito.
( ) Deve-se verificar se o manual traz orientações acerca da aplicação e da correção do instrumento.

Atividades de aprendizagem

Questões para reflexão

1. Com base no artigo a seguir, faça uma reflexão sobre a influência do desenvolvimento psicomotor nas dificuldades de aprendizagem.

LORDANI, S. F. S. et al. A psicomotricidade e as dificuldades de aprendizagem: educação e reeducação psicomotora como prática pedagógica. In: CONGRESSO INTERNACIONAL, 2.; CONGRESSO NACIONAL DE DIFICULDADES DE ENSINO E APRENDIZAGEM, 7., 2017, São Paulo. **Anais**... São Paulo, 2017. Disponível em: <http://delphos-gp.

com/primus_vitam/primus_9/SilviaFernanda_LaisAnaCeciliaMarilia.pdf>. Acesso em: 21 fev. 2020.

2. No estudo indicado a seguir, é apresentado um roteiro de observação e análise do material escolar de uma criança. Após a leitura, perceba a riqueza desse meio de investigação e procure replicar o roteiro com uma criança em fase escolar.

SADALLA, A. M. F. A.; BARIANI, I. C. D.; ROCHA, M. S. P. M. L. Roteiro de observação e análise de material escrito. **Psicologia Escolar e Educacional**, Campinas, v. 3, n. 2, p. 171-174, 1999. Disponível em: <http://www.scielo.br/scielo.php?script=sci_arttext&pid=S1413-85571999000200009&lng=en&nrm=iso>. Acesso em: 21 fev. 2020.

Atividade aplicada: prática

1. Escolha um tema de interesse e busque em *sites* autorizados alguns instrumentos de avaliação. Em seguida, verifique se apresentam os requisitos necessários para uma investigação diagnóstica.

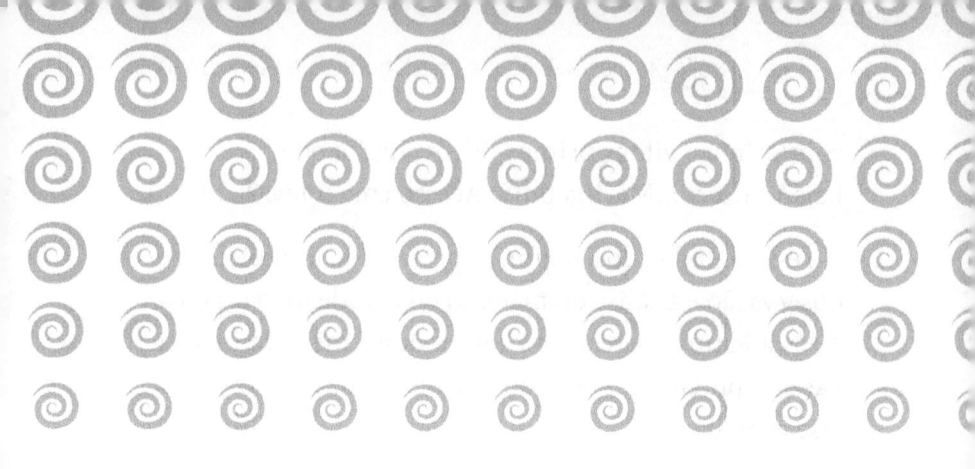

5
Avaliação psicopedagógica no ambiente institucional escolar

A atuação do psicopedagogo institucional se estabelece na prevenção, no diagnóstico e na intervenção sobre o processo de ensino-aprendizagem no ambiente institucional. Na escola, na empresa, no hospital ou no terceiro setor, a proposta psicopedagógica institucional busca compreender os sintomas que afetam esse ambiente e o ensino-aprendizagem. Com base em uma demanda (queixa), precisamos conhecer o espaço institucional, a equipe profissional, os participantes desse ambiente, as redes de relações e as propostas de trabalho voltadas para a aprendizagem.

Diversos são os desafios encontrados pelo psicopedagogo no ambiente escolar, como fracasso escolar, problemas disciplinares, inclusão, formação continuada de professores, entre outros. No contexto institucional, os obstáculos podem ser de ordem:

- do conhecimento – conhecimento inconsistente sobre determinado tema, incoerência entre o discurso da proposta político-pedagógica e sua interpretação percebida na prática;
- da interação – vinculação objetiva estabelecida em situações de aprendizagem na instituição e comunicação com o protagonista do processo ensinar-aprender;
- do funcionamento – administração, metodologia, distribuição de funções, espaços físicos e tudo o que se relaciona ao aprender e ao ensinar;
- estrutural – organização institucional, níveis de hierarquia e relação prevista, subsistemas e suas relações (Barbosa, 2001).

Portanto, neste capítulo, estudaremos os instrumentos que dão suporte ao diagnóstico na instituição escolar: entrevistas, mapeamento institucional, técnicas grupais e instrumentos de análise e observações.

5.1
Análise da queixa

Por meio de uma entrevista aberta com a equipe institucional, o psicopedagogo identifica a demanda da instituição. Durante a entrevista, o profissional deve observar a temática e as mensagens verbais e não verbais dos entrevistados. A observação da temática compreende o conteúdo relatado durante a entrevista, bem como os significados latentes enunciados pelo tipo de comunicação utilizada: a objetividade ou a subjetividade do discurso, a informação que fica subentendida, as coerências e as incoerências que aparecem (Pichon-Rivière, 1988). A qualidade dos registros realizados no momento de entrevista inicial e a qualidade da observação são fundamentais para entendermos as necessidades da instituição.

Na sequência, o psicopedagogo deve analisar a queixa e os sintomas que afetam o funcionamento da instituição, bem como o processo de ensino-aprendizagem.

5.2
Enquadramento

Após a análise da queixa, utilizamos o enquadramento como instrumento para estabelecer os marcos do processo de investigação diagnóstica.

Para isso, precisamos adotar alguns elementos: tempo, lugar, frequência, duração e instrumentos. As constantes de enquadramento servem para isolar a situação e compreendê-la no contexto. O enquadramento esclarece os objetivos do diagnóstico, o grupo identificado, o tempo de realização, os espaços utilizados, os instrumentos e os materiais necessários. Segundo Visca (1987, p. 48), na prática,

> o contrato é o aspecto manifesto do enquadramento, o que se constitui em si um recurso corretor, o primeiro que se implementa, assim como também constitui o ponto de partida em função do qual estruturar-se-ão as situações posteriores que se formalizem no diagnóstico e/ou tratamento.

Desse modo, uma vez compreendida a proposta de trabalho do psicopedagogo por meio do enquadramento, de preferência documentado, firma-se o contrato de aceite com a instituição.

5.3
Mapeamento institucional

Para avaliarmos a queixa e os sintomas no ambiente institucional, precisamos compreender que é de extrema importância conhecermos a estrutura física e organizacional do sistema. O mapeamento institucional é o instrumento que nos dá um panorama sobre a realidade institucional, seja na escola, seja nos hospitais, seja nas empresas, seja nas famílias, seja nas instituições assistenciais etc.

O profissional avaliador, por meio do mapeamento, visualiza a estrutura, a cultura, a história e a dinâmica da organização. Podem ser utilizados questionários, entrevistas e observações para: investigar convergências, conflitos e contradições entre as práticas e os discursos dos sujeitos; analisar as concepções que orientam as ações dos atores institucionais; e identificar as redes de relações e as propostas pedagógicas. Para Bassedas (citado por Pontes, 2010, p. 420),

> A escola, como instituição social, pode ser considerada de forma ampla e, de acordo com a teoria sistêmica, como um sistema aberto que compartilha funções e que se inter-relaciona com outros sistemas que integram todo o contexto social. Entre esses sistemas, o familiar é o que adquire o papel mais relevante à educação e assim, na atualidade, vemos a escola e a família em inter-relação contínua, mesmo que nem sempre sejam obtidas atuações adequadas, já que, muitas vezes, agem como sistemas contrapostos mais do que como sistemas complementares.

O mapeamento institucional escolar como instrumento de investigação nos dá um panorama dessas situações com a identificação dos seguintes aspectos: caracterização da instituição; perfil da comunidade e do alunado atendido; perfil dos profissionais da escola; número de alunos e distribuição por série; número de salas; turnos de funcionamento; etapas e modalidades de ensino ofertadas; regime jurídico (pública ou privada); proposta pedagógica; relação professor/alunos; relação professores/outros profissionais da equipe pedagógica; programas de intervenção para alunos com dificuldades de aprendizagem; outros programas existentes na escola;

capacitação pedagógica para professores; convergências e divergências entre teoria e prática.

Nesse processo, podemos fazer uso dos seguintes instrumentos de pesquisa: entrevista com a equipe pedagógica; entrevista operativa centrada no modelo ensino-aprendizagem (Eocmea); dinâmica de grupos operativos. Veremos alguns deles a seguir.

5.3.1
Entrevista operativa centrada no modelo ensino-aprendizagem (Eocmea)

É um instrumento que visa observar a dinâmica, a temática, o produto e a técnica de grupos operativos, buscando compreender os obstáculos e as potencialidades da instituição, bem como a estrutura, o funcionamento, as interações e o processo de aprendizagem.

A entrevista operativa centrada no modelo ensino-aprendizagem (Eocmea) foi organizada por Calberg com base na entrevista operativa centrada na aprendizagem (Eoca), de Jorge Visca, e consiste em uma consigna aplicada ao grupo identificado que

> prevê uma aproximação ao objeto de estudo, de maneira a perceber o que o grupo sabe e não simplesmente o que o grupo não sabe. Este saber é relativo à operatividade em um grupo. EOCMEA objetiva, portanto, pesquisar a dinâmica (o corpo que fala), a temática (o que é verbalizado) e o produto. (Calberg, 2000, p. 17)

De acordo com a demanda apresentada pela equipe institucional no primeiro contato, devemos buscar uma consigna que auxilie na compreensão do sintoma emergente. Para análise dos resultados, recomendamos o uso do cone invertido, de Pichón-Rivière, que ajuda a medir, em termos dinâmicos, as tarefas realizadas pelo grupo.

Esquema conceitual referencial operativo (Ecro)

Assim como a Eocmea busca compreender os obstáculos e as potencialidades da instituição como um todo, por meio do Ecro podemos avaliar a dinâmica de funcionamento dos grupos com a possibilidade de modificação ou com adaptações necessárias.

Logo, o Ecro é um instrumento de compreensão do domínio da realidade que nos propomos a estudar, por exemplo, a inter-relação. Um **esquema conceitual** é um conjunto de conhecimentos teóricos que orientam as linhas de trabalho e a investigação. Já o **referencial** corresponde aos membros investigados tanto individualmente quanto nas relações com outros grupos. A **operatividade**, por sua vez, consiste na possibilidade de promover uma modificação criativa ou adaptativa à realidade conforme um critério de adaptação ativa (Pichón-Rivière, 2005).

Segundo Oliveira (2009, p. 190), o "Ecro representa a dinâmica de funcionamento de determinado grupo, que passa a ser referência para atuação psicopedagógica na instituição. Ela permite uma compreensão horizontal da totalidade do grupo, bem como a compreensão vertical do sujeito que se encontra nele inserido".

5.3.2
Grupos operativos

Consiste em atividades realizadas com grupos, as quais têm como objetivo a aprendizagem, o diagnóstico ou o tratamento para os sujeitos envolvidos. De acordo com Bastos (2010, p. 165),

> A técnica do grupo operativo pressupõe a tarefa explícita (aprendizagem, diagnóstico ou tratamento), a tarefa implícita (o modo como cada integrante vivencia o grupo) e o enquadre que são os elementos fixos (o tempo, a duração, a frequência, a função do coordenador e do observador). Para Pichon-Rivière (1998), o processo grupal se caracteriza por uma dialética na medida em que é permeado por contradições, sendo que sua tarefa principal é justamente analisar essas contradições. O autor utiliza uma representação para mostrar o movimento de estruturação, desestruturação e reestruturação de um grupo, que é o cone invertido.

Essa definição de Pichón-Rivière, o cone invertido, é um instrumento conceitual que tem como objetivo medir os termos dinâmicos e avaliar o grupo durante a realização de uma tarefa. "O trabalho grupal configura a espiral que vai se internalizando pouco a pouco mediante a utilização dos vetores de interpretação para poder chegar ao núcleo onde reside a resistência a mudança" (Pichón-Rivière, 2005, p. 267). Para o autor, a mudança produz os medos básicos de perda e de ataques, que podem dificultar o processo de aprendizagem.

Figura 5.1 – Cone invertido

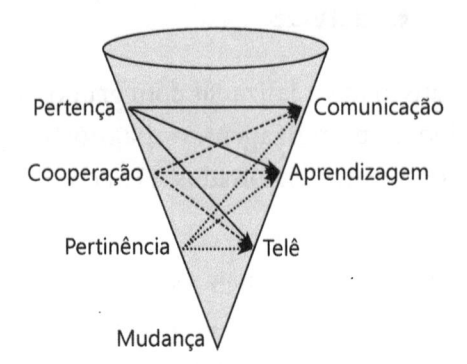

```
         Pertença ──────▶ Comunicação
        Cooperação ◀┄┄┄┄┄▶ Aprendizagem
        Pertinência ┄┄┄┄▶ Telê

              Mudança
```

Fonte: Visca, 1987, p. 39.

Visca (1987, p. 39) faz um breve resumo sobre os vetores de análise do cone invertido:

> Em poucas palavras, a pertença consiste na sensação de sentir-se parte, a cooperação consiste nas ações com o outro e a pertinência na eficácia com que se realizam as ações. Por outro lado, a comunicação pode ser caracterizada como o processo de intercâmbio de informação, que pode ser entendido desde o ponto de vista da teoria da comunicação ou a partir da teoria psicanalítica etc.; a aprendizagem, como a apreensão instrumental da realidade e a Telê – palavra de origem grega, tomada de Moreno –, como a distância afetiva (positiva-negativa).

Essa escala serve como ponto de referência para interpretarmos os fenômenos grupais.

5.4
Técnicas grupais

Ao realizar atividades interventivas com grupos, o psicopedagogo deve, entre outras atribuições:

- saber ouvir;
- interpretar e sintetizar as informações recebidas;
- ter sensibilidade quanto aos rumos que o grupo está tomando;
- fazer com que o grupo traga e mantenha comentários adequados ao contexto vivenciado;
- manter a comunicação clara e objetiva;
- estar aberto às opiniões divergentes;
- conhecer previamente as características e o contexto do grupo.

O profissional deve evitar aplicar a técnica pela técnica, ou seja, deve atentar para que toda a dinâmica, a vivência ou o jogo tenha seu significado. Além disso, deve ter consciência de que a intervenção pode ou não desencadear situações de impacto emocional. Transformar a comunicação, o conhecimento e a integração em algo fácil é favorecer os relacionamentos dentro do grupo, isto é, ser um mediador, um conciliador. Portanto, como educador, o facilitador também deve orientar o grupo na construção do processo de aprendizagem (Silva; Mendes, 2012).

5.4.1
Dinâmica de grupo

É utilizada com a finalidade de aperfeiçoar a integração dos indivíduos de um mesmo grupo e promover o crescimento deste por meio da melhora no manejo interpessoal ao lidar com situações e opiniões distintas durante a dinâmica. Para Militão (2006, p. 22), "a dinâmica de grupo é um processo vivencial, é um momento de laboratório, que pode ir além de um simples 'quebra-gelo' às reflexões e aprendizados mais profundos e elaborados".

Os principais componentes da dinâmica do grupo a serem observados para a melhor compreensão são: objetivos; motivação; grau de interesse do grupo; comunicação do grupo; como é exercida a liderança, quais os estilos, como é a relação entre os líderes; processo decisório, quais as modalidades de tomadas de decisão; inovação, se o grupo tende à rotina ou acolhe novas sugestões; e relacionamento entre os participantes (Moscovici, 2007).

5.4.2
Jogo

Manifesta muito do real vivenciado pelas pessoas, como membros de grupos, nas diversas áreas e situações nas quais estão inseridas.

Segundo Militão (2006, p. 25), o jogo tem como principais características:

a. gerar ou propiciar o aprendizado;
b. definir, com clareza, os comportamentos e o que se quer (missão, visão, valores, regras e conduta);
c. levar à competição, mesmo que não se precise fazer a contagem de pontos;
d. fazer com que todos os participantes interajam, embora alguns não se envolvam – prefiram ficar no anonimato.

Esse instrumento estimula a "capacidade do ser humano em desenvolver um pensamento anterior à ação, isto é, ser capaz de avaliar discernir e não agir de forma impulsiva, fortalecendo-se no enfrentamento dos conflitos" (Oliveira, 2014, p. 100).

Ainda conforme Militão (2006, p. 27), para nos utilizarmos desse instrumento,

> Alguns aspectos devem ser considerados na preparação de um jogo: habilidade e idade do participante, ambiente de realização, riscos, segurança, material utilizado e duração. Ou seja, é preciso adequar o método, conteúdo do jogo, mensurar o nível de riscos, o que vai se utilizar e a adequação. São precauções que o facilitador deve tomar para não prejudicar os resultados e conclusões. Com isso, os participantes precisam estar inteiros, literalmente, envolvidos até o final.

Para Visca (1996), os jogos podem ser classificados em: lógicos, para desenvolver o raciocínio; afetivos, para desenvolver o emocional; e sociais, para facilitar o desenvolvimento de habilidades e destrezas próprias em determinado meio.

5.4.3
Vivência

É um processo de ensino-aprendizagem de laboratório que consiste em "um conjunto metodológico que objetiva o alcance de mudanças pessoais, a partir de aprendizagens baseadas em experiências diretas ou vivências" (Moscovici, citado por Militão, 2006, p. 19). Compreende um ciclo de quatro etapas: 1) atividade (vivência em si); 2) análise (momento da discussão); 3) conceituação ou embasamento teórico; e 4) conexão com o real.

Na vivência,

> [...] os participantes são encorajados a experimentar comportamentos diferentes do seu padrão costumeiro de interação com outras pessoas em grupo, não pode ser inteiramente artificial [...]; o enfoque "aqui e agora" é a característica mais marcante do método; a experiência vivenciada é direta, pessoal, imediata, compartilhada pelos membros do grupo, podendo ser comparada, apreciada e validada, como base para conceitos e conclusões pessoais e grupais a serem elaborados. (Militão, 2006, p. 19)

5.5
Psicodrama pedagógico

O psicodrama é uma técnica criada por Jacob Levy Moreno, que, ao realizar trabalhos para desenvolver a capacidade criadora e a espontaneidade do indivíduo, percebeu na dramatização a ação terapêutica. Para ele, espontaneidade é a "resposta do indivíduo a uma nova situação e a nova resposta a uma situação antiga" (Moreno, 1993, p. 101).

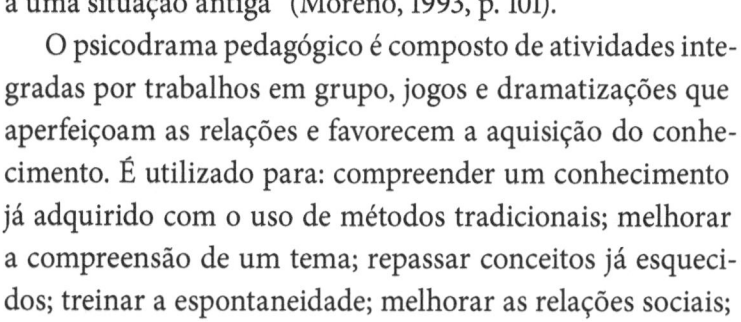

O psicodrama pedagógico é composto de atividades integradas por trabalhos em grupo, jogos e dramatizações que aperfeiçoam as relações e favorecem a aquisição do conhecimento. É utilizado para: compreender um conhecimento já adquirido com o uso de métodos tradicionais; melhorar a compreensão de um tema; repassar conceitos já esquecidos; treinar a espontaneidade; melhorar as relações sociais; e transmitir conhecimentos novos (Diniz, citado por Nunes; Arantes, 2013).

Segundo Diniz (2001, p. 24), alguns benefícios dessa técnica são:

> No campo pedagógico, devido a sua dinamização característica, o método psicodramático desperta a possibilidade de maior concentração, interesse pelo trabalho, favorecendo a atenção e a memorização. Ao ter que se exercitar para a concretização das cenas, há um estímulo das capacidades intelectuais, rapidez de raciocínio e favorecimento da expressão oral.

A proposta do psicodrama pedagógico é educacional com objetivo pedagógico, na qual o diretor é um profissional da educação e os participantes são os alunos. Desse modo, Ferreira, ao parafrasear Moreno, destaca que

> o Psicodrama Pedagógico coloca o aluno inteiro, incluindo (e principalmente) sua história pessoal – experiências e

características pessoais – como ponto de partida do processo educacional. Na escola, o Psicodrama traz a realidade existencial do aluno para dentro da sala de aula e estabelece que todo e qualquer processo de aprendizagem deve ter como princípio orientador o ser humano representado pelo aluno. Assim, a prioridade não se revela só na capacidade de aprender conteúdos (conhecimentos), mas centra-se na possibilidade de desenvolvimento do aluno, de forma que este desenvolvimento pessoal dê base ao processo ensino-aprendizagem, desperte interesse, curiosidade e criatividade, que aqui poderia ser entendida como confiança na sua própria capacidade de decisão, escolha e criação. (Moreno, citado por Ferreira, 1993, p. 121)

Diferentemente do psicodrama pedagógico, o psicodrama terapêutico é um trabalho clínico com objetivo terapêutico. Nesse caso, o diretor é um terapeuta e os participantes são os pacientes.

Para utilização do psicodrama pedagógico, o profissional necessita de formação psicodramática, a fim de adquirir aprofundamento teórico e capacitação para realização da prática.

Síntese

Os instrumentos apresentados neste capítulo dão suporte ao diagnóstico da instituição escolar e à investigação da queixa inicial, sempre enfocando o coletivo.

Alguns dos instrumentos que abordamos foram: entrevistas, mapeamento institucional e técnicas grupais, que, entre outros, são meios de análise e observação que nos auxiliam a conhecer o espaço institucional, a equipe profissional, os participantes do ambiente, as redes de relações e as propostas de trabalho voltadas para a aprendizagem.

Atividades de autoavaliação

1. A atuação do psicopedagogo no ambiente institucional contempla a(s) seguinte(s) atividade(s):
   a) diagnóstico institucional.
   b) prevenção do fracasso escolar.
   c) intervenção psicopedagógica.
   d) prevenção, diagnóstico e intervenção sobre o processo de ensino-aprendizagem.
   e) orientação educacional.

2. De acordo com Barbosa (2001), marque com V as assertivas verdadeiras e com F as falsas no que se refere aos obstáculos que podem ser encontrados pelo psicopedagogo no contexto institucional.
   ( ) De ordem do conhecimento
   ( ) De ordem da interação
   ( ) De ordem da clínica
   ( ) De ordem do funcionamento
   ( ) De ordem estrutural

3. O instrumento que estabelece os marcos do processo de investigação diagnóstica institucional é:
   a) a queixa exploratória.
   b) a Eocmea.
   c) o mapeamento institucional.
   d) o Ecro.
   e) o enquadramento.

4. É um instrumento que visa observar a dinâmica, a temática, o produto e a técnica de grupos operativos:
   a) Eocmea.
   b) Eoca.
   c) dinâmica de grupo.
   d) psicodrama pedagógico.
   e) jogos psicopedagógicos.

5. O psicopedagogo pode realizar técnicas grupais no processo de avaliação e intervenção psicopedagógica. Identifique a técnica que **não** se aplica à proposta pedagógica.
   a) Dinâmica de grupo
   b) Vivências
   c) Jogos
   d) Psicodrama pedagógico
   e) Psicodrama terapêutico

Atividades de aprendizagem

Questões para reflexão

1. O estudo indicado a seguir demonstra a relevância dos jogos, das dinâmicas e das vivências, geralmente utilizados pela área de recursos humanos, como ferramentas adaptáveis ao campo da educação e úteis na intervenção psicopedagógica institucional, assim como apresenta o trabalho e o papel do psicopedagogo institucional na gestão de conflitos. Com base nesse estudo, faça uma reflexão

sobre o problema apresentado, as técnicas grupais utilizadas e a atuação do psicopedagogo na aplicação dessas técnicas.

SILVA, S. C. B.; MENDES, M. H. Dinâmicas, jogos e vivências: ferramentas úteis na (re)construção psicopedagógica d o ambiente educacional. **Psicopedagogia**, São Paulo, v. 29, n. 90, p. 340-355, 2012. Disponível em: <http://pepsic.bvsalud.org/scielo.php?script=sci_arttext&pid=S0103-84862012000300008&lng=pt&nrm=iso>. Acesso em: 21 fev. 2020.

2. Individualmente ou em equipe, reflita sobre as dificuldades percebidas no ambiente institucional escolar e busque, em livros e *sites*, técnicas grupais indicadas para o uso no ambiente de aprendizagem.

Atividade aplicada: prática

1. Aplique a técnica de grupo operativo com objetivo de diagnóstico e utilize o cone invertido – instrumento conceitual – para a análise da técnica.

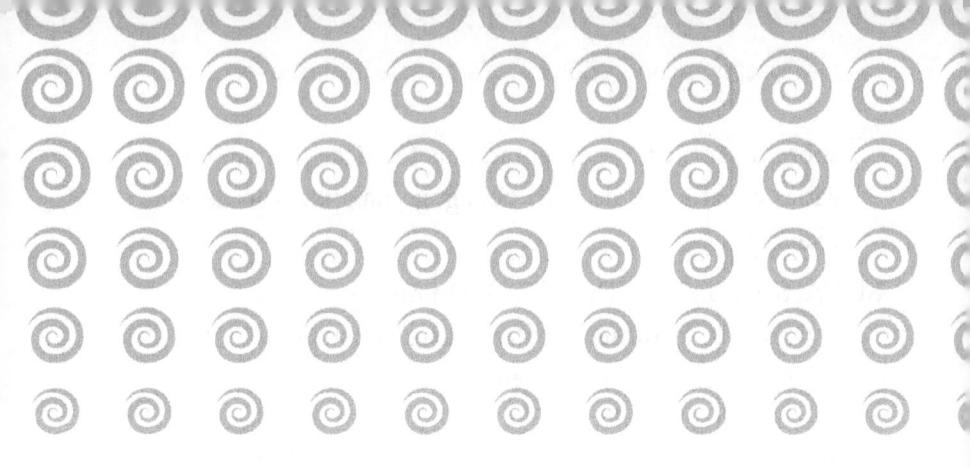

6
Parecer psicopedagógico

A construção do informe psicopedagógico resume as conclusões acerca da avaliação diagnóstica, demonstrando os resultados referentes à investigação cognitiva, afetiva e social do avaliando.

A apresentação desse documento deve ser realizada em entrevista devolutiva ao final da avaliação. Nele, devem constar a síntese dos procedimentos realizados e os resultados observados, aspectos que devem ser claramente explicitados, assim como o prognóstico, os encaminhamentos, as orientações e a proposta de intervenção.

Portanto, neste capítulo, abordaremos os itens presentes no parecer psicopedagógico, além da responsabilidade ética do psicopedagogo.

6.1
Entrevista devolutiva

Ao final da avaliação, o psicopedagogo realiza uma entrevista devolutiva. Nesse momento, o profissional apresenta um laudo técnico com os resultados levantados durante a avaliação, chamado de *parecer psicopedagógico*.

O parecer psicopedagógico simboliza o fechamento de um processo avaliativo e deve conter informações levantadas por meio dos instrumentos e procedimentos empregados durante o processo de avaliação psicopedagógica clínica ou institucional, segundo a queixa apresentada. O documento deve demonstrar o potencial e as dificuldades percebidas. Trabalhos futuros também podem ser sugeridos, a fim de minimizar as dificuldades diagnosticadas.

Vejamos, a seguir, um modelo de parecer psicopedagógico.

> **Modelo de parecer psicopedagógico**
>
> I. **Identificação**
> Interessado:
> Data de nascimento:
> Idade:
> Estado civil:

Escolaridade:
Data da avaliação:
II. **Descrição da demanda**
Queixa:
III. **Procedimentos**
Instrumentos empregados:
Técnicas:
Entrevistas:
Testes:
IV. **Breve histórico do desenvolvimento**
Descrição:
V. **Análise dos resultados**
Procedimentos realizados:
Respectivos resultados:
VI. **Conclusão**
Considerações finais:
Hipótese diagnóstica:
VII. **Sugestões**
Sugestões à família, à escola ou à instituição:
VIII. **Encaminhamentos para outros profissionais (se necessário)**
Descrição:
IX. **Identidade profissional do avaliador**
Nome completo:
Registro profissional:

6.2
Parecer psicopedagógico clínico

O parecer psicopedagógico clínico apresenta os dados do avaliando, a queixa ou demanda inicial, os instrumentos utilizados, o período de avaliação, um breve histórico de vida, os procedimentos realizados, os resultados dos instrumentos aplicados, as sugestões de intervenções e os encaminhamentos necessários.

É indicado no acompanhamento do indivíduo para orientar estudos e rotinas, estimulação e reabilitação juntamente com equipe multiprofissional. Pode fornecer orientações à família sobre a rotina de estudos, a importância da continuidade do trabalho de intervenção e o acompanhamento multiprofissional se necessário.

Esse documento pode ser encaminhado a outros profissionais de saúde e educação, sempre com a autorização dos responsáveis. A devolutiva com a escola tem por objetivo informar os resultados e dar sugestões pertinentes ao encaminhamento escolar (adaptações metodológicas, avaliativas etc.), visando à melhora do desempenho do aluno avaliado.

6.3
Parecer psicopedagógico institucional

O parecer psicopedagógico institucional resume as conclusões acerca da avaliação diagnóstica a partir da queixa. Deve ser escrito em linguagem objetiva e esclarecedora, demonstrando os achados segundo os fenômenos ou sintomas investigados.

Nesse documento, devem ser apresentadas as potencialidades e as fragilidades da instituição e a forma como a relação entre esses aspectos interfere no processo de aprendizagem. Além do documento escrito, a devolutiva deve ser realizada verbalmente à equipe pedagógica.

O informe psicopedagógico deve conter basicamente: dados da instituição; queixa-motivo da avaliação; período da avaliação; instrumentos utilizados; síntese dos resultados; prognósticos; recomendações e encaminhamentos necessários. Para Oliveira (2014, p. 64), a entrevista devolutiva "deve ter um caráter interventivo, na medida que a instituição reflete e internaliza as indicações fornecidas a partir do informe. As indicações preveem um prognóstico com base em sua efetivação e em sua não efetivação".

O prognóstico, com base nos resultados, impulsiona a troca de opiniões com a equipe institucional e possibilita o planejamento de intervenções possíveis para as necessidades e as condições reais da instituição. Se necessário, pode ser indicado o trabalho de outros profissionais da área de educação ou saúde para a realização de palestras, orientações etc.

Por fim, no documento deve constar que o sigilo ético deve ser resguardado entre os profissionais que tiverem acesso a ele.

6.4
Orientações éticas

O parecer psicopedagógico é um documento sigiloso cujos resultados são de responsabilidade ética do psicopedagogo e que devem ser apresentados aos solicitantes responsáveis (avaliando adulto, família ou instituição).

De acordo com o código de ética do psicopedagogo, cap. IV, art. 11, esse profissional deve, na sua prática:

a. manter-se atualizado quanto aos conhecimentos científicos e técnicos que tratem da aprendizagem humana;
b. desenvolver e manter relações profissionais pautadas pelo respeito, pela atitude crítica e pela cooperação com outros profissionais;
c. assumir as responsabilidades para as quais esteja preparado e nos parâmetros da competência psicopedagógica;
d. colaborar com o desenvolvimento da Psicopedagogia por meio da participação em eventos, pesquisas e publicações, entre outras possibilidades;

e. responsabilizar-se pelas intervenções feitas e fornecer definição clara do seu parecer oral e/ou escrito aos sujeitos e sistemas atendidos e/ou aos seus responsáveis;
f. preservar a identidade dos sujeitos e sistemas nos relatos e discussões feitos a título de exemplos e estudos de casos;
g. manter o respeito e a dignidade na relação profissional para a harmonia da classe e a manutenção do conceito público;
h. submeter-se à supervisão psicopedagógica e ao processo terapêutico pessoal. (ABPP, 2020)

Síntese

Neste último capítulo, apresentamos os procedimentos finais e as orientações quanto à responsabilidade ética do psicopedagogo.

Abordamos a entrevista devolutiva, que trata de todo o processo de avaliação; o parecer psicopedagógico, documento em que são apresentados os procedimentos análise e os resultados dos instrumentos utilizados, com encaminhamentos e sugestões de intervenção; a responsabilidade ética do psicopedagogo na sua prática e a responsabilidade social quanto ao diagnóstico.

Atividades de autoavaliação

1. A entrevista devolutiva corresponde à entrevista:
    a) inicial exploratória.
    b) operativa centrada na aprendizagem.
    c) de conclusão do processo avaliativo.

d) para devolver os materiais analisados.
e) sobre o desenvolvimento cognitivo.

2. Marque com verdadeiro (V) ou falso (F) as características do parecer psicopedagógico.
( ) É um registro documental que formaliza o fechamento do processo avaliativo.
( ) Deve conter informações levantadas por meio dos instrumentos e procedimentos empregados durante o processo de avaliação psicopedagógica clínica ou institucional, a partir de uma queixa apresentada.
( ) É um laudo técnico com os resultados levantados durante a avaliação.
( ) É um documento não tem caráter sigiloso.
( ) O diagnóstico apresentado é de responsabilidade do psicopedagogo.

3. Com relação ao parecer psicopedagógico institucional, assinale as alternativas como verdadeiras (V) ou falsas (F):
( ) Apresenta dados da instituição; motivo da avaliação; período da avaliação; instrumentos utilizados; síntese dos resultados; prognósticos; recomendações e encaminhamentos necessários.
( ) Deve ter um caráter interventivo, na medida que a instituição reflete e internaliza as indicações fornecidas por meio do informe.
( ) Nesse documento, devem ser apresentadas somente as fragilidades da instituição e o modo como a relação entre esses aspectos interfere no processo de aprendizagem.

( ) Deve ser escrito em linguagem objetiva e esclarecedora, demonstrando os achados segundo os fenômenos ou sintomas investigados.
( ) O psicopedagogo tem responsabilidades éticas quanto ao diagnóstico.

4. Conforme o código de ética do psicopedagogo, no que se refere à avaliação, intervenção e elaboração de documentos, podemos afirmar que o profissional deve:
   a) responsabilizar-se pelas intervenções feitas e fornecer definição clara do seu parecer oral e/ou escrito aos sujeitos e sistemas atendidos e/ou aos seus responsáveis.
   b) preservar a identidade dos sujeitos e sistemas nos relatos e discussões feitos a título de exemplos e estudos de casos.
   c) manter o respeito e a dignidade na relação profissional para a harmonia da classe e a manutenção do conceito público.
   d) colaborar com o desenvolvimento da psicopedagogia por meio da participação em eventos, pesquisas e publicações, entre outras possibilidades.
   e) Todas as alternativas estão corretas.

5. Sobre a responsabilidade ética na atuação, o psicopedagogo deve:
   a) manter-se atualizado quanto aos conhecimentos científicos e técnicos que tratem da aprendizagem humana.

b) desenvolver e manter relações profissionais pautadas pelo respeito, pela atitude crítica e pela cooperação com outros profissionais.
c) assumir as responsabilidades para as quais esteja preparado e nos parâmetros da competência psicopedagógica.
d) submeter-se à supervisão psicopedagógica e ao processo terapêutico pessoal.
e) Todas as alternativas estão corretas.

Atividades de aprendizagem

Questões para reflexão

1. No artigo indicado a seguir, as autoras apresentam um relato de experiência de avaliação psicopedagógica de criança com queixa de alterações no desenvolvimento. Após a leitura do material, comente as etapas seguidas durante a avaliação, a escolha do instrumentos, a análise e os resultados.

BATISTA, L. S.; GONCALVES, B.; ANDRADE, M. S. Avaliação psicopedagógica de criança com alterações no desenvolvimento: relato de experiência. **Psicopedagogia**, São Paulo, v. 32, n. 99, p. 326-335, 2015. Disponível em: <http://pepsic.bvsalud.org/scielo.php?script=sci_arttext&pid=S0103-84862015000300006&lng=pt&nrm=iso>. Acesso em: 21 fev. 2020.

2. A avaliação psicopedagógica requer muita responsabilidade com relação ao uso da informação e demanda respeito aos indivíduos envolvidos e comprometimento acerca dos estudos, assim como responsabilidade pelo diagnóstico apresentado. Com base no código de ética do psicopedagogo, reflita sobre a atuação profissional, as responsabilidades, o uso dos instrumentos da observância e o cumprimento do código de ética.

Acesse o código de ética neste link:

ABPP – Associação Brasileira de Psicopedagogia. Código de ética do psicopedagogo. Disponível em: <http://www.abpp.com.br/documentos_referencias_codigo_etica.html>. Acesso em: 21 fev. 2020.

3. Faça uma reflexão sobre a importância e as responsabilidades de um parecer psicopedagógico.

Atividade aplicada: prática

1. Selecione um estudo de caso e elabore um laudo psicopedagógico de acordo com o modelo de parecer apresentado nesse estudo.

Considerações finais

Este livro foi organizado com objetivo de orientar o psicopedagogo acerca dos instrumentos de investigação que podem ser utilizados como suporte em uma avaliação psicopedagógica clínica ou institucional.

Vimos algumas ferramentas de avaliação das dificuldades e das potencialidades cognitivas, afetivas e/ou sociais. As técnicas não devem ser aplicadas sem que haja um aprofundamento teórico, assim como treino para sua aplicação. Cada instrumento requer do profissional o domínio da técnica, o conhecimento dos recursos materiais utilizados, o entendimento sobre os procedimentos, o treino para aplicação e a capacidade de análise dos resultados.

Abordamos também as provas operatórias piagetianas, que auxiliam a investigação do nível de desenvolvimento cognitivo da criança.

Para a análise da qualidade de vínculos da aprendizagem, vimos as provas projetivas nos domínios escolar, familiar e consigo mesmo.

Tratamos ainda do instrumento da caixa de areia com miniaturas, em que o processo de avaliação é interventivo, possibilitando ao avaliando a organização do pensamento e das emoções envolvidas no processo de aprendizagem.

Além disso, a avaliação pedagógica ocorre pela observação do material escolar e pelo uso de testes padronizados para a análise da coordenação motora, das habilidades de leitura e escrita e das habilidades aritméticas. Os instrumentos para avaliação da atenção e a investigação sobre indicadores de *bullying* mostram se esses fatores podem estar prejudicando o processo de aprendizagem.

Já o diagnóstico institucional requer instrumentos de avaliação coletiva, como mapeamento, técnicas grupais e observações diretas e indiretas. A entrevista devolutiva é o coroamento do processo de avaliação; nela, é apresentado o parecer psicopedagógico, um documento descritivo dos procedimentos e instrumentos utilizados, assim como dos resultados, do diagnóstico e dos encaminhamentos necessários.

Por fim, mas não menos importante, o profissional avaliador deve ter consciência de sua responsabilidade ética desde a apresentação da queixa inicial, passando pelo processo avaliativo (escolha do instrumento, aplicação dos instrumentos e análise dos dados) e terminando na entrevista devolutiva, além da responsabilidade social quanto ao diagnóstico.

Referências

ABBAGNANO, N. **Dicionário de filosofia**. São Paulo: M. Fontes, 2007.

ABERASTURY, A. **Psicanálise da criança**: teoria e técnica. Porto Alegre: Artes Médicas, 1982.

ABPP – Associação Brasileira de Psicopedagogia. **Código de ética do psicopedagogo**. Disponível em: <http://www.abpp.com.br/documentos_referencias_codigo_etica.html>. Acesso em: 20 fev. 2020.

ANDION, M. T. M. Evidências de validade e fidedignidade para o jogo de areia psicopedagógico – JAP: uma contribuição para a prática psicopedagógica. **Psicopedagogia**, v. 36, n. 110, p. 136-152, 2019. Disponível em: <http://www.revistapsicopedagogia.com.br/detalhes/596/evidencias-de-validade-e-fidedignidade-para-o-jogo-de-areia-psicopedagogico---jap--uma-contribuicao-para-a-pratica-psicopedagogica>. Acesso em: 20 fev. 2020.

APA – American Psychiatric Association. **DSM-5**: Manual Diagnóstico Estatístico de Transtornos Mentais. 5. ed. Porto Alegre: Artmed, 2014.

BARBOSA, L. M. S. **A psicopedagogia no âmbito da instituição escolar**. Curitiba: Expoente, 2001.

_____. Avaliação psicopedagógica: a leitura e a compreensão de textos como instrumentos de aprender. **Revista Psicopedagogia**, São Paulo, v. 34, n. 104, p. 196-215, 2017.

_____. (Org.). **Intervenção psicopedagógica no espaço da clínica**. Curitiba: InterSaberes, 2012.

BASSEDAS, E. et al. **Intervenção educativa e diagnóstico psicopedagógico**. Tradução de Beatriz Afonso Neves. 3. ed. Porto Alegre: Artes Médicas, 1996.

BASTOS, A. B. B. I. A técnica de grupos operativos à luz de Pichón-Rivière e Henri Wallon. **Psicólogo Informação**, v. 14, n. 14, p. 160-169, jan./dez. 2010. Disponível em: <http://pepsic.bvsalud. org/pdf/psicoinfo/v14n14/v14n14a10.pdf>. Acesso em: 20 fev. 2020.

BENCZIK, E. B. P. **Escala de Transtorno do *Deficit* de Atenção e Hiperatividade**. São Paulo: Vetor, 2013. (Coleção ETDAH-AD).

BOSSA, N. **A psicopedagogia no Brasil**: contribuições a partir da prática. 2. ed. Porto Alegre: Artmed, 2000.

BRASIL. Lei n. 13.185, de 6 de novembro de 2015. **Diário Oficial da União**, Poder Legislativo, Brasília, DF, 9 nov. 2015. Disponível em: <http://www.planalto.gov.br/ccivil_03/_Ato2015-2018/2015/Lei/L13185.htm>. Acesso em: 20 fev. 2020.

CALBERG, S. R. F. O diagnóstico psicopedagógico institucional: uma práxis em construção. **Revista Psicopedagogia**, São Paulo, v. 19, n. 51, p. 16-19, 2000.

CHAMAT, L. S. J. **Técnicas de diagnóstico psicopedagógico**: diagnóstico clínico na abordagem interacionista. São Paulo: Vetor, 2004.

COHEN, R. J.; SWERDLIK, M. E.; STURMAN, E. D. **Testagem e avaliação psicológica**: introdução a testes e medidas. 8. ed. Porto Alegre: AMGH, 2014.

COLOMER, T.; CAMPS, A. **Ensinar a ler, ensinar a compreender**. Tradução de Fátima Murad. Porto Alegre: Artmed, 2002.

DINIZ, G. J. R. **Psicodrama**: amplitudes e novas aplicações. São Paulo: Robe, 2001.

DOLLE, J. M. **Para compreender Jean Piaget**. Tradução de Maria José J. G. Almeida. Rio de Janeiro: Zahar, 1983.

FERNANDES, A. **Psicopedagogia em psicodrama**: morando no brincar. Tradução de Yara Stela Rodrigues Avelar. Petrópolis: Vozes, 2001.

FERREIRA, W. **Psicodrama e educação**: uma proposta educacional para o redimensionamento das relações humanas. 162 f. Dissertação (Mestrado em Educação), Universidade Estadual de Campinas, Campinas, 1993. Disponível em: <http://repositorio.unicamp.br/jspui/bitstream/REPOSIP/253787/1/Ferreira_WindyzBrazao_M.pdf>. Acesso em: 20 fev. 2020.

FERREIRO, E. **Reflexões sobre a alfabetização**. Tradução de Horácio Gonzales. 24. ed. atualizada. São Paulo: Cortez, 2001.

FERREIRO, E.; TEBEROSKY, A. **Psicogênese da língua escrita**. Porto Alegre: Artes Médicas, 1999.

GIACOMINI, C. H.; STEIN, L. M.; FONSECA, R. P. **Teste de desempenho escolar**. 2. ed. São Paulo: Vetor, 2019.

GIL, R. **Neuropsicologia**. 4. ed. São Paulo: Santos, 2010.

GONÇALVES, L. A.; MELO, S. R. A base biológica da atenção. **Revista Arquitetura Ciências e Saúde Unipar**, Umuarama, v. 13, n. 1, p. 67-71, jan./abr. 2009.

HUTZ, C. S.; BANDEIRA, D. R.; TRENTINI, C. M. **Psicometria**. Porto Alegre: Artmed, 2015.

KÜSTER, S. M. G. S. As caixas de areia e as miniaturas como recursos de intervenção psicopedagógicas. In: BARBOSA, L. M. S. **Intervenção psicopedagógica no espaço da clínica**. Curitiba: InterSaberes, 2012. p. 59-92.

KÜSTER, S. M. G. S.; PAROLIN, I. C. H. Caixa de areia e as miniaturas: um olhar psicopedagógico. **Psicopedagogia**, São Paulo, v. 18, n. 50, p. 25-29, 1999.

LEMOS, A. C. M. Uma visão psicopedagógica do bullying. **Psicopedagogia**, São Paulo, v. 24, n. 73, p. 68-75, 2007.

LOPES, J. R.; ABREU, M. C. M. de; MATTOS, M. C. E. **Caderno do educador**: alfabetização e letramento 1. Brasília: Ministério da Educação/Secretaria de Educação Continuada, Alfabetização e Diversidade, 2010.

LORDANI, S. F. S. et al. A psicomotricidade e as dificuldades de aprendizagem: educação e reeducação psicomotora como prática pedagógica. In: CONGRESSO INTERNACIONAL, 2.; CONGRESSO NACIONAL DE DIFICULDADES DE ENSINO E APRENDIZAGEM, 7., 2017, São Paulo. Anais... São Paulo, 2017. Disponível em: <http://delphos-gp.com/primus_vitam/primus_9/SilviaFernanda_LaisAnaCeciliaMarilia.pdf>. Acesso em: 21 jan. 2020.

MARCONI, M. A.; LAKATOS, E. M. **Fundamentos de metodologia científica**. 7. ed. São Paulo: Atlas, 2010.

MEDINA-PAPST, J.; MARQUES, I. Avaliação do desenvolvimento motor de crianças com dificuldades de aprendizagem. **Revista Brasileira Cineantropom**, v. 12, n. 1, p. 36-42, 2010.

MILITÃO, A. R. **Jogos, vivências e dinâmicas grupais**. Rio de Janeiro: Qualitymark, 2006.

MORENO, J. L. **Psicodrama**. São Paulo: Cultrix, 1993.

MOSCOVICI, F. **Desenvolvimento interpessoal**. 3. ed. São Paulo: Livros Técnicos e Científicos, 1985.

_____. **Equipes dão certo**: a multiplicação do talento humano. 11. ed. Rio de Janeiro: J. Olympio, 2007.

NUNES, R. C. S.; ARANTES, V. J. A trajetória do psicodrama pedagógico em Campinas-SP. **Revista da Faculdade de Educação (Univ. do Estado de Mato Grosso)**, v. 19, ano 11, n. 1, p. 111-128, jan./jun. 2013.

OLIVEIRA, M. A. C. **Intervenção psicopedagógica na escola**. 2. ed. Curitiba: Iesde, 2009.

_____. **Psicopedagogia**: a instituição educacional em foco. Curitiba: InterSaberes, 2014.

PAÍN, S. **Diagnóstico e tratamento dos problemas de aprendizagem**. Tradução de Ana Maria Netto Machado. 4. ed. Porto Alegre: Artmed, 1992.

PIAGET, J. **A epistemologia genética**: sabedoria e ilusões da filosofia – problemas de psicologia genética. 2. ed. São Paulo: Abril Cultural, 1983.

_____. **A formação do símbolo na criança**: imitação, jogo e sonho, imagem e representação. Rio de Janeiro: Zahar, 1978.

PICHÓN-RIVIÈRE, E. **O processo grupal**. São Paulo: M. Fontes, 2005.

_____. **Teoria do vínculo**. São Paulo: M. Fontes, 1988.

PONTES, I. A. M. Atuação psicopedagógica no contexto escolar: manipulação, não; contribuição, sim. **Revista Psicopedagogia**, São Paulo, v. 27, n. 84, p. 417-427, 2010. Disponível em: <http://pepsic.bvsalud.org/pdf/psicoped/v27n84/v27n84a11.pdf>. Acesso em: 20 fev. 2020.

ROSA NETO, F. **Manual de avaliação motora**. 3. ed. Florianópolis: Dioesc, 2015.

ROTTA, N. R. et al. **Transtornos da aprendizagem**: abordagem neurobiológica e multidisciplinar. Porto Alegre: Artmed, 2006.

RUBINSTEIN, E. R. (Org.). **Psicopedagogia**: fundamentos para a construção de um estilo. São Paulo: Casa do Psicólogo, 2006.

SADALLA, A. M. F. A.; BARIANI, I. C. D.; ROCHA, M. S. P. M. L. Roteiro de observação e análise de material escrito. **Psicologia Escolar e Educacional**, Campinas, v. 3, n. 2, p. 171-174, 1999. Disponível em: <http://www.scielo.br/scielo.php?script=sci_arttext&pid=S1413-85571999000200009&lng=en&nrm=iso>. Acesso em: 20 fev. 2020.

SAMPAIO, S. **Manual prático do diagnóstico psicopedagógico clínico**. 5. ed. Rio de Janeiro: Wak, 2014.

SARAIVA, R. A.; MOOJEN, S. M. P.; MUNARSKI, R. **Avaliação da compreensão leitora de textos expositivos**: teste completo. São Paulo: Pearson, 2015.

SEABRA, A. G.; CAPOVILLA, F. C. **Teste de competência de leitura de palavras e pseudopalavras**. São Paulo: Memnon, 2010.

SEABRA, A. G.; DIAS, N. M. (Org.). **Avaliação neuropsicológica cognitiva**: atenção e funções executivas. São Paulo: Memnon, 2017.

SILVA, F. C. **Coleção EAB-E Escala de Avaliação do Bullying Escolar**. São Paulo: Vetor, 2014.

SILVA, S. C. B.; MENDES, M. H. Dinâmicas, jogos e vivências: ferramentas úteis na (re)construção psicopedagógica do ambiente educacional. **Psicopedagogia**, São Paulo, v. 29, n. 90, p. 340-355, 2012. Disponível em: <http://pepsic.bvsalud.org/scielo.php?script=sci_arttext&pid=S0103-84862012000300008&lng=pt&nrm=iso>. Acesso em: 20 fev. 2020.

TIETZE, F.; CASTANHO, M. I. S. Educação integral: significações por alunos de ensino fundamental pelo par educativo. **Psicopedagogia**, São Paulo, v. 33, n. 100, p. 5-18, 2016. Disponível em: <http://www.revistapsicopedagogia.com.br/detalhes/12/educacao-integral significicoes-por-alunos-de-ensino-fundamental-pelo-par-educativo>. Acesso em: 20 fev. 2020.

URBINA, S. **Fundamentos da testagem psicológica**. Porto Alegre: Artmed, 2007.

VISCA, J. **Clínica psicopedagógica**: epistemologia convergente. Porto Alegre: Artes Médicas, 1987.

_____. **El diagnóstico operatório en la practica psicopedagógica**. 2. ed. Argentina: E. Titakis, 1997.

_____. **Psicopedagogia**: teoria, clínica e investigação. 2. ed. do autor. Buenos Aires: [s. n.], 1996.

_____. **Técnicas projetivas psicopedagógicas e pautas gráficas para sua interpretação**. 2. ed. Buenos Aires: Visca & Visca, 2009.

WEINSTEIN, M. C. A. **Coruja PROMAT**: roteiro para sondagem de habilidades matemáticas. São Paulo: Pearson, 2016.

WEISS, M. L. L. **Psicopedagogia clínica**: uma visão diagnóstica dos problemas de aprendizagem escolar. Rio de Janeiro: DP&A, 2003.

WEISS, M. L. L. **Psicopedagogia clínica:** uma visão diagnóstica dos problemas de aprendizagem escolar. 11. ed. rev. e ampl. Rio de Janeiro: DP&A, 2006.

WINNICOTT, D. W. **O ambiente e os processos de maturação:** estudos sobre a teoria do desenvolvimento emocional. Tradução de Irineo Constantino Schuch Ortiz. Porto Alegre: Artes Médicas, 1982.

_____. **O brincar e a realidade.** Tradução de José Octavio de Aguiar Abreu e Vanede Nobre. Rio de Janeiro: Imago, 1975.

Bibliografia comentada

BARBOSA, L. M. S. **A psicopedagogia no âmbito da instituição escolar.** Curitiba: Expoente, 2001.

Essa obra apresenta recursos de intervenção psicopedagógicos: a caixa de trabalho, desenvolvida por Jorge Visca; a caixa de areia, inspirada na terapia conhecida por *sandplay* e fundamentada no estudos de Carl Jung, somados à epistemologia convergente; o projeto *aprender criando*, de Laura Monte Serrat Barbosa, segundo o método desenvolvido por Kilpatrick; o material disparador criado por Vera Bosse, fundamentado pela epistemologia convergente; jogos e brincadeiras trazidos por Jorge Visca e Lino de Macedo com possibilidades de intervenção psicopedagógica para o raciocínio lógico.

CHAMAT, L. S. J. **Técnicas de diagnóstico psicopedagógico:** diagnóstico clínico na abordagem interacionista. São Paulo: Vetor, 2004.

Essa obra é resultado de um trabalho realizado por anos com crianças com dificuldades de aprendizagem. O livro oferece aos psicopedagogos, além das técnicas diagnósticas, sugestões de investigações e avaliação das aplicações, assim como uma metodologia específica para tornar a interpretação e as hipóteses mais fidedignas. O trabalho da autora é embasado na teoria de Pichón-Rivière, com abordagem interacionista voltada ao modelo sistêmico.

OLIVEIRA, M. A. C. **Psicopedagogia**: a instituição educacional em foco. Curitiba: InterSaberes, 2014.

Essa obra tem como assunto principal a avaliação e a intervenção psicopedagógica na escola e as contribuições da psicopedagogia para o desenvolvimento do educador. O referencial teórico que a embasa é a epistemologia convergente de Jorge Visca.

PICHÓN-RIVIÈRE, E. **O processo grupal**. São Paulo: M. Fontes, 2005.

Com base na abordagem psicanalítica, o autor propõe uma reflexão sobre o funcionamento grupal. Conforme características dos vínculos e dos papéis, observam-se os movimentos que o grupo assume.

VISCA, J. **Clínica psicopedagógica**: epistemologia convergente. Porto Alegre: Artes Médicas, 1987.

Esse livro apresenta a teoria da epistemologia convergente. Propõe um método clínico baseado nas confluências das linhas teóricas da psicogenética de Piaget (níveis de inteligência), na psicanálise de Freud (manifestações emocionais) e na psicologia social de Pichón-Rivière (relações interpessoais).

VISCA, J. **Técnicas projetivas psicopedagógicas e pautas gráficas para sua interpretação**. 2. ed. Buenos Aires: Visca & Visca, 2009.

Nessa obra, o autor apresenta as técnicas projetivas psicopedagógicas, que têm o objetivo de investigar a rede de vínculos que o indivíduo tem em três domínios: o escolar, o familiar e consigo mesmo. O autor demonstra ser possível reconhecer, em cada um desses domínios, três níveis quanto ao grau de consciência (inconsciente, pré-consciente e consciente), que, em diferentes aspectos, constituem o vínculo de aprendizagem.

Respostas

Capítulo 1
Atividades de autoavaliação
1) b
2) e
3) b
4) V, V, F, V, V.
5) c

Capítulo 2
Atividades de autoavaliação
1) b
2) c
3) a
4) e
5) c

Capítulo 3
Atividades de autoavaliação
1) d
2) b, c, a
3) V, V, F, V, V.
4) e
5) c

Capítulo 4
Atividades de autoavaliação
1) V, V, V, V, V.
2) a

3) b
4) b
5) c
6) V, V, V, V, V.

Capítulo 5

Atividades de autoavaliação
1) d
2) V, V, F, V, V.
3) e
4) a
5) e

Capítulo 6

Atividades de autoavaliação
1) c
2) V, V, V, F, V.
3) V, V, F, V, V.
4) e
5) e

Sobre a autora

Luciana Isabel de Almeida Trad é graduada em Pedagogia pela Universidade Tuiuti do Paraná (UTP) (2000) e em Psicologia pela Faculdade Evangélica do Paraná (Fepar) (2008). De 1996 a 2010, trabalhou como professora de um método de ensino de português, matemática e inglês. Especialista em Avaliação Neuropsicológica Clínica pelo Instituto Paranaense de Terapia Cognitiva (IPTC) (2010). Mestra em Psicologia – Avaliação e Reabilitação Neuropsicológica pela Universidade Federal do Paraná (UFPR) (2016). Foi responsável técnica da clínica de psicologia da Fepar (2014-2015). Desde 2009, é psicóloga clínica e institucional com atuação nas seguintes áreas: avaliações neuropsicológicas, avaliações psicopedagógicas, orientação profissional e atendimento terapêutico. Atualmente, faz parte do corpo docente da pós-graduação em Neuropsicopedagogia e da graduação em Psicopedagogia do Centro Universitário Internacional Uninter e do curso de graduação em Psicologia da Faculdade Herrero.

Impressão:
Março/2020

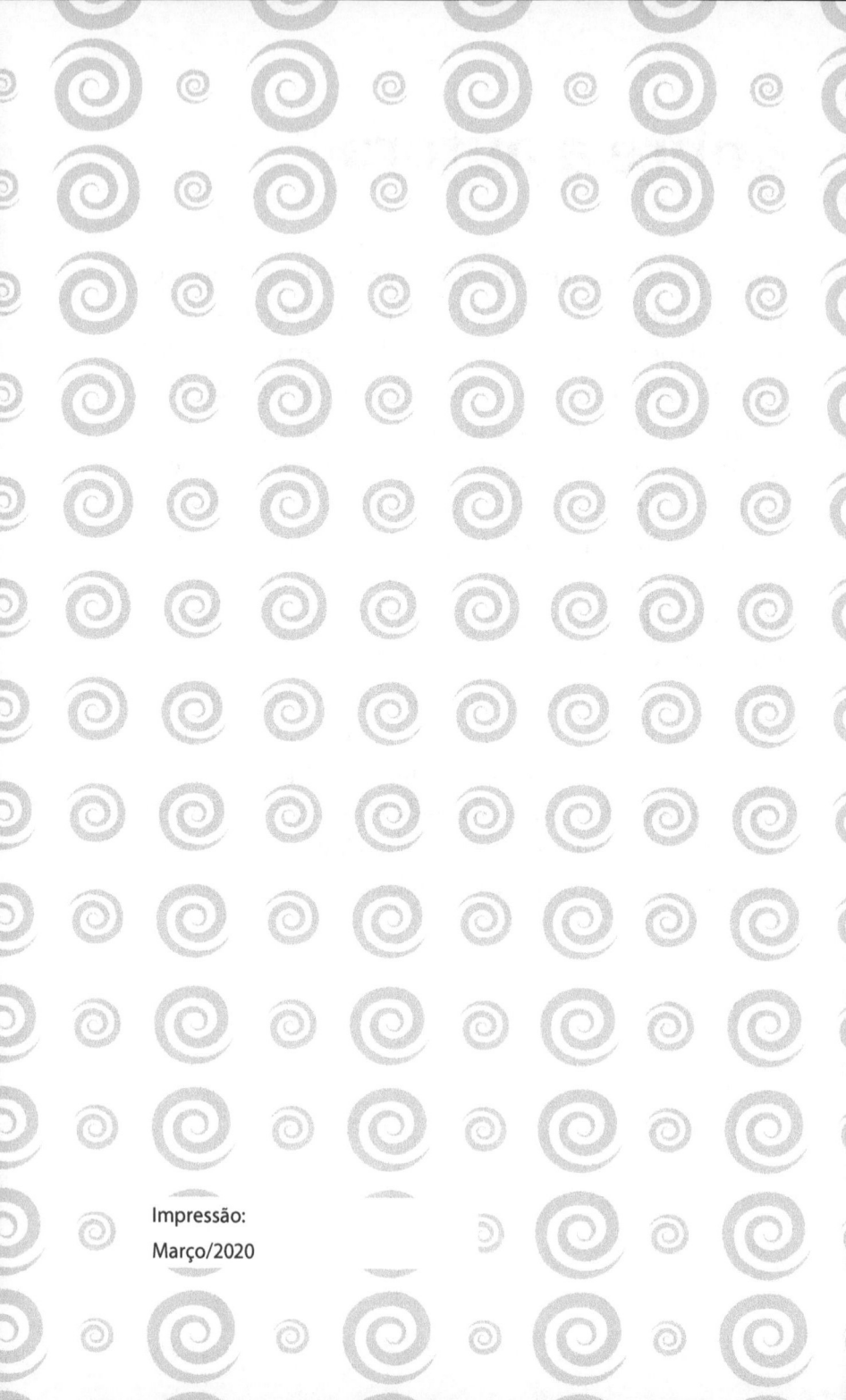